Wenn Gott zur Freundin wird ...
Freundinnenschaft - der Weg zum neuen Himmel und zur neuen Erde

WÜRZBURGER STUDIEN zur FUNDAMENTALTHEOLOGIE

Herausgegeben von Elmar Klinger

Band 14

PETER LANG
Frankfurt am Main · Berlin · Bern · New York · Paris · Wien

Hildegard Wustmans

Wenn Gott zur Freundin wird...

Freundinnenschaft –
der Weg zum neuen Himmel
und zur neuen Erde

Peter Lang
Frankfurt am Main · Berlin · Bern · New York · Paris · Wien

Die Deutsche Bibliothek - CIP-Einheitsaufnahme
Wustmans, Hildegard:

Wenn Gott zur Freundin wird ... : Freundinnenschaft - der
Weg zum neuen Himmel und zur neuen Erde / Hildegard
Wustmans. - Frankfurt am Main ; Berlin ; Bern ; New York ;
Paris ; Wien : Lang, 1993
   (Würzburger Studien zur Fundamentaltheologie ; Bd. 14)
   ISBN 3-631-46231-X

NE: GT

ISSN 0179-4566
ISBN 3-631-46231-X
© Verlag Peter Lang GmbH, Frankfurt am Main 1993
Alle Rechte vorbehalten.

Das Werk einschließlich aller seiner Teile ist urheberrechtlich geschützt. Jede Verwertung außerhalb der engen Grenzen des Urheberrechtsgesetzes ist ohne Zustimmung des Verlages unzulässig und strafbar. Das gilt insbesondere für Vervielfältigungen, Übersetzungen, Mikroverfilmungen und die Einspeicherung und Verarbeitung in elektronischen Systemen.

Printed in Germany 1 2 3 4 6 7

Inhaltsverzeichnis

0. Vorbemerkungen -
   "Probier, den alten weißen Mann aus meinem Kopf zu treiben"   7
   - 0.1. Biographische Daten   11
   - 0.2. Zur Methode   13

Kapitel 1
Sprache zwischen Macht und Ohnmacht   17
- 1.1. Androzentrische Rede und Bilder - Die Sprache der Herrscher   17
- 1.2. Die Macht der Definition in den Händen der Herrscher   18
- 1.3. Frauen und die Sprache der Kleriker   21
- 1.4. Von der Notwendigkeit, das Schweigen zu brechen.
  "Ich rede mit dir", heißt: Laß uns die Revolution beginnen   23

Kapitel 2
Das neue Sprechen von Gott. Metaphorische Theologie - eine Theologie der neuen und befreienden Möglichkeiten.   29
- 2.1. Zur Begriffsklärung: Metapher   29
- 2.2. Gleichnisreden Jesu im NT - das Fundament für eine Metaphorische Theologie   32
- 2.3. Gleichnisreden - Ausdruck der Forderung eines Paradigmenwechsels   34
- 2.4. Jesus - eine Metapher für Gott   35
- 2.5. Metaphorische Theologie und die Autorität der Bibel   36
- 2.6. Gleichnisreden - die Zurückweisung der Ideologie der Beziehungslosigkeit   37
- 2.7. Resümee   40

Kapitel 3
Auseinandersetzung mit dem christlichen "Vatergott" aus der Sicht von Frauen   43
- 3.1. Der Gottesbegriff Jesu - Sinn und Bedeutung eines Affronts gegen patriarchale Strukturen   47
- 3.2. Der Vatergott - die Rede von patriarchaler Herrschaft   49
- 3.3. Das Gottesbild - ein Götzenbild   52

Kapitel 4
Freundinnenschaft - eine Philosophie der Zuneigung 55
- 4.1. Wenn ich keine Freundin hätte ... 56
- 4.2. Freundinnenschaft - Verständnis ohne Konsequenzen? 59
- 4.3. "Ein Ganzes werden" ist ihrer beider Bedürfnis 60
- 4.4. Freundinnenschaft - die Vision einer neuen Welt 62

Kapitel 5
Wenn Gott zur Freundin wird ... 67
- 5.1. Freundinnenschaft - Ausdruck der Liebe Gottes 71
- 5.2. Wenn Gott Freundin ist, dann ist Sie Feministin 78
- 5.3. Freundinnenschaft - Leben in Loyalität mit der Schöpfung 80

Literaturverzeichnis 83

0. Vorbemerkungen -

"Probier, den alten weißen Mann aus meinem Kopf zu treiben"[1]

Es ist uns nur möglich, indirekt von Gott zu sprechen, indem wir die Welt und uns als eine Metapher für Gott verwenden[2]. In dieser Arbeit stelle ich die Metapher von Gott als Freundin vor, um so patriarchale Denkmodelle in der Rede von Gott aus ihrer Zentralstellung zu entheben und gleichzeitig aufzuzeigen, daß echte Alternativen möglich sind. Ziel dieser Überlegungen ist es nicht, den ganzen Vorstellungen über Gott nun noch eine hinzuzufügen mit nur neuen Komponenten. Vielmehr geht es darum, eine fruchtbare Quelle dafür zu untersuchen, "wie einige Aspekte des Gott-Welt-Verhältnisses in unserer Zeit ausgedrückt werden können, ganz besonders die Abhängigkeit und Gegenseitigkeit von allem Leben."[3] In unserer derzeitigen Welt, die geprägt ist vom unerwarteten Fall von Mauern und Systemen, mit einhergehender Orientierungslosigkeit, mit unerwünschten Wahrheiten, mit ökologischen Altlasten, müssen wir die Verbundenheit aller Lebewesen auf unserem Planet betonen. Ein Denkmodell von Gott als Freundin der Frauen und der gesamten Schöpfung schafft die Aussicht, eine Sensibilität zu fördern, die die Gegebenheiten unseres Jahrhunderts tragen und gestalten kann.

Wichtig scheint mir der Hinweis, daß wir das Freundinnenbild/Freundinnenschaft nicht sentimentalisieren dürfen. Auch Freundinnen können einander verletzen und ihre Beziehungen können zerbrechen. Aber darauf soll nicht das Hauptaugenmerk dieser Arbeit liegen. Vielmehr soll ein Entwurf von Freundinnenschaft vorgelegt werden, der von dem Gedankengang getragen ist, daß diese Beziehungsform als einzige im Grunde allen Frauen offen steht und daß echte Freundinnenschaft weitaus größere Bedeutung hat, als die angeblich höchsten Erfahrungen im Leben von Frauen: die Trauung, (Der schönste Tag im meinem Leben!) oder die Geburt eines Kindes. Ich stelle die These auf, daß

---

[1] An dieser Stelle ist ein Hinweis auf den Kontext des Zitates wichtig. Alice Walker schreibt als schwarze Frau über schwarze Frauen und in diesem Zusammenhang hat die Austreibung des "weißen Mannes" gerade für schwarze Frauen neben der persönlichen auch eine politische Bedeutung. Ich als weiße Feministin muß mich mit dem Erbe und den Arbeiten schwarzer Frauen auseinandersetzen, ohne sie sogleich ausschließlich für meine "Zwecke" benutzen zu wollen.
Alice Walker, Die Farbe Lila, Reinbek bei Hamburg 1986, S.141.
[2] Sallie McFague, Mutter Gott, in: Concilium 25 (1989), S.545.
[3] dies. ebd.

Freundinnenschaft die fundamentalste Erfahrung im Leben von Frauen ist, zumal diese nicht exklusiv ist, denn nicht alle Frauen heiraten, und nicht alle Frauen können und wollen Kinder bekommen.
Ferner möchte ich mich auf die "empowernde" Macht in Freundinnenschaften konzentrieren. Aber bei alledem bin ich mir zugleich bewußt, daß die Vorstellung von Gott als Freundin nur als *ein* mögliches Denkmodell anzusehen ist. D.h. sie ist unter keinen Umständen als Entwurf zu verstehen, der andere Metaphern grundsätzlich ausschließt. Zumal es im christlichen Glauben eine lange Tradition des "Wortes Gottes" und des menschlichen Wortes über Gott gibt. Schon immer war der Wunsch vorhanden, von der Beziehung zwischen Gott, Mensch und Welt zu berichten. Diese Erfahrung durch Bericht anderen Menschen zugänglich zu machen. Dabei war man sich gewiß, daß in der menschlichen Rede Gott nie ganz erfaßt werden kann, sondern daß immer nur Teilaspekte Gottes aus einer bestimmten Perspektive heraus beschrieben werden. Und gerade diese Teilaspekte sind es, die ein authentisches Sprechen von Gott als Gott ermöglichen. Aus der Begrenztheit der Erfahrung kann begründet von Gott gesprochen werden[4], d.h. die Rede von Gott ist situativ. Es werden in ihr Aussagen über die eigene Person und die eigene Lage gemacht, aus deren Perspektive heraus Gott beschrieben wird. Diese perspektivische Form der Beschreibung Gottes findet sich auch im Neuen Testament. Jeder der Evangelisten hat mit einer jeweils ganz bestimmten Ansicht seinen Bericht von Jesus, dem Christus, verfaßt. Die Evangelisten sahen ihre Religion nicht nur durch die Brille der ersten Jahrhunderte in Palästina, sondern auch durch ihre eigene Geschichte und Interessen. Demzufolge ist die Rede von Gott nie einheitlich, jede/jeder, die/der von Gott spricht, setzt ganz spezifische Schwerpunkte, die aus dem eigenen Leben hergeleitet werden und einander relativieren. So ergeben sich aus dem bisher gesagten drei Grundpfeiler für die Rede von Gott, wenn von Gott im eigentlichen Sinn gesprochen werden soll:
1) Die Rede von Gott muß immer im Kontext erörtert werden. Dies führt zu einer Präzisierung der Rede von Gott.
2) Dadurch, daß etwas Spezifisches in den Blick genommen wird, rückt das Allgemeine in den Hintergrund. Dies führt zu einer Relativierung der jeweiligen Perspektive.

---

[4] An dieser Stelle beziehe ich mich auf eigene Mitschriften zu der Vorlesung "Das Gottesproblem heute - Die Anfrage an den Theismus", die Prof. Dr. E. Klinger im SS 1989 hielt. Sie ist bislang unveröffentlicht.

3) Es soll Gewißheit darüber bestehen, daß in begrenzter Weise begründet von Gott gesprochen werden kann.[5]

Dieses perspektivische Sprechen von Gott ist authentisch biblisch, denn die biblische Gott ist perspektivisch. Gott hat eindeutig Platz auf Seiten der Unterdrückten eingenommen. Gott trifft vorrangige Optionen. Und weil dem so ist, hat die Gotteserkenntnis auch immer eine gesellschaftliche Bewandtnis, denn die Erkenntnis berührt nicht nur Gott, sondern auch den Mitmenschen. Horizontalität und Vertikalität gehören zusammen. Und in der Vertikalität wird die Geschichtlichkeit Gottes eingeklagt. Daher hat die Rede von Gott auch immer objektiven Sinn, denn sie befaßt sich mit den Beziehungen in der Welt, sie betrifft die Gesellschaft und die Individuen. Diese Tatbestände treten mit besonderer Deutlichkeit in der Rede von Gott aus feministischer Perspektive zutage. Lange wurde es den Frauen verwehrt, ihre eigenen Erfahrungen mit Gott zum Ausdruck zu bringen, immer mußten sie sich der kanonischen, männlichen Schablonen bedienen. Solange, bis einige Frauen anfingen, den alten weißen Mann aus ihrem Kopf zu treiben.[6] Dieses Tun offenbart sich als Entlarvung des patriarchalen Gottes, der ein Götze ist, für die Beziehungen in einer am Mann orientierten Gesellschaft, für die Frauen selbst. In diesem oft sehr schmerzhaften Prozeß der Entdeckung der wahren Zustände und der Ideologie des Patriarchats machen Frauen aber auch immer positive Erfahrungen, die für sie der Beginn der Befreiung bedeuten und die zugleich die Bekehrung der Männer fordern. Welch eine erlösende Kraft eine neue Perspektive von Gott haben kann, beschreibt Alice Walker sehr treffend in dem Roman "Die Farbe Lila". In einem Gespräch erzählt Shug ihrer Freundin, wie es ihr gelang, den alten weißen Mann aus ihrem Kopf zu vertreiben:

"Mein erster Schritt von dem alten weißen Mann weg waren die Bäume. Dann die Luft. Dann die Vögel. Dann andere Leute. Aber an einem Tag, wie ich ganz still dagesessen bin und mich gefühlt habe wie ein Kind ohne Mutter, und das war ich ja, da kam es mir: so ein Gefühl, daß ich ein Teil von allem bin, nich abgetrennt. Ich hab gewußt, wenn ich einen Baum fäll, blutet mein Arm. Und ich hab gelacht und geweint und bin im ganzen Haus rumgerannt. Ich hab gewußt, was Es war. Ja, wirklich, wenns passiert, da kannst dus nich verpassen. Es is so ne Art wie du weißt schon was, sagt sie und grinst und reibt ganz oben an meinem Schenkel.
Shug! sag ich.
Ach, sagt sie. Gott mag die ganzen Gefühle.
Das is was vom Besten, was Gott gemacht hat...
Findet Gott das nich schmutzig? frag ich.

---

[5] ebd.
[6] Alice Walker, a.a.O., S.141.

Nä, sagt sie, Gott hats doch gemacht. Hör mal, Gott hat alles gern was du gern hast..."[7]

Wie diese beiden Freundinnen entdecken auch andere Frauen ihre Beziehung mit Gott und der Schöpfung neu. Sie werden über diese Erfahrungen zu "neuen Frauen", und Gott wird erst über die Schöpfung, über die Frauen Sie selbst. Durch diese neue Sichtweise durchbrechen die Frauen die verkrusteten Strukturen, überwinden die ausdruckslose Sprache von Gott und Welt. Indem Frauen von ihren Erfahrungen her von Gott sprechen, wird die Welt der Frauen "neu". Alles erscheint aus der Perspektive der Frauen in einem anderen Licht: Schmerz und Hoffnung, Einsamkeit und Freundinnenschaft, Ruhelosigkeit und Heimat. Frauen entdecken ihre Themen und entwickeln neue (Bewertungs-)Kategorien für sich selber und für die Welt.

Aber bislang sind sich noch viele Frauen ungewiß über ihre Sprache und Ausdrucksmöglichkeiten. Sie wissen zwar, daß für sie die alten Formen der religiösen Sprache nicht mehr passen, aber zu einem Neuentwurf fehlt es oftmals an Entschlossenheit und Mut. Die religiöse Welt mitsamt ihrer Sprache wird in den Raum der Belanglosigkeit gedrängt, und dies in einem Ausmaß, wie es bei unseren Vorfahren nicht der Fall war.

"We do not live in a scramental universe in which the things of this world, its joys and catastrophes, harvests and famines, births and deaths, are understood as connected to and permeated by divine power and love. Our experience, our daily experience, is for the most part nonreligious."[8]

D.h., daß viele Frauen und Männer die Dinge, die um sie herum geschehen und auch mit ihnen geschehen, ohne Gott erleben und erklären. Daraus resultiert, daß die Erfahrungen mit der Welt und den Menschen die Vorstellung

---

7 Alice Walker, a.a.O., S.140f.
8 "Wir leben nicht in einem sakramentalen Universum, in welchem die Dinge dieser Welt Freuden und Katastrophen, Ernten und Hungersnöte, Geburten und Tode als mit göttlicher Kraft und Liebe in Verbindung stehend verstanden werden. Unsere Erfahrung werden zum größten Teil nicht religiös interpretiert."
Sallie McFague, Metaphorical Theology. Models Of God In Religious Language, Philadelphia 1988, S.1f.
Die Übersetzungen der englischen Zitate in dieser Arbeit stammen ausschließlich von mir. Sie sind als Verständnishilfe gedacht, wobei ich mir bewußt bin, daß sie nur eine mögliche Übersetzung bieten.
"Wie die Tangente den Kreis flüchtig und nur in einem Punkte berührt und wie ihr wohl diese Berührung, nicht aber der Punkt, das Gesetz vorschreibt, nach dem sie weiter ins Unendliche ihre Bahn zieht, so berührt die Übersetzung flüchtig und nur in dem unendlich kleinen Punkte des Sinnes das Original, um nach dem Gesetz der Treue in der Freiheit der Sprachbewegung ihre eigenste Bahn zu verfolgen."
Walter Benjamin, Gesammelte Schriften Bd. IV/1, Frankfurt a.M. 1991, Die Aufgabe des Übersetzers, S.19f.

von Gott weder darstellen noch interpretieren. Diese Entwicklung ist nicht zu leugnen, und es dürfte klar sein, daß wir nicht mehr zurück können zu einem Verständnis von Gott, Mensch und Welt, wie es in den Köpfen von Frauen und Männern in längst vergangenen Zeiten vorhanden war. Aber dies bedeutet, daß wir uns darum bemühen sollten, eine neue Sprache, eine, die die Menschen heute verstehen, zu entwickeln und in der ihre Erfahrungen Raum finden. Ganz so, wie Shug es tut, damit die Rede von Gott einen neuen Sinn und eine neue Bedeutung bekommt. Denn der Gott des Patriarchats entmündigt die Frauen, weil er regiert. Diese neue Sprache kann nur dann entwickelt und gesprochen werden, wenn die Bedeutung des Kontextes, in dem Frauen und Männer leben, und der ihre Aussagen und Verhaltensweisen prägt, herausgearbeitet wird. Es muß berücksichtigt werden, daß die Menschen mit ihren Aussagen über Gott und Welt soziale, kulturelle, geschichtliche Wesen sind, mit eigenen Perspektiven, die durch eine Vielzahl von Faktoren beeinflußt sind. Aber nicht nur unsere Zeit und unser Platz in der Geschichte prägen unsere Sicht- und Sprechweisen, sondern auch unser sozialer Rang, unsere Rasse, unser Geschlecht, unsere Nationalität, unsere Bildung und unser familiärer Hintergrund, unsere Interessen, unsere Visionen.

0.1. Biographische Daten

Im Vorausgegangenen war die Rede von der Bedeutung des Lebenskontextes für unsere Art und Weise zu sprechen. Demzufolge hat der Kontext auch eine besondere Bedeutung für unsere Art, Theologie zu treiben. Ich vertrete diesen Standpunkt und möchte daher an dieser Stelle ein wenig von meiner Biographie und von meinem Ort in der Theologie[9] berichten. Denn es steht nicht alles, was für die Theologie von Bedeutung ist, in den Büchern, die wohlgeordnet in unseren Bibliotheken plaziert sind. Für meine Theologie und d.h., für mein Verständnis von der Rede von Gott braucht es mich mitsamt meiner Lebensgeschichte:
Als Mädchen erhielt ich, wie meine drei Geschwister, eine normale katholische Erziehung, die durch die Nähe zu einem Marienwallfahrtsort noch eine

---

[9] "*Ort der Theologie*": Hierbei geht es um den eigenen Standpunkt in der Theologie. Jede/jeder ist ein potentieller Ort der Theologie. In den Menschen ereignet sich Theologie, die aus ihrer/seiner religiösen Erfahrung wächst.

besondere Prägung beinhaltete. Mir wurde beigebracht, mich in einer Welt, die weitgehend vom Mann her gedacht und konzipiert war, den Idealen eines katholischen Mädchens/einer katholischen Frau angemessen zu verhalten. In diesen Bahnen, die ruhig waren und von mir nicht angefragt wurden, verlief die Zeit bis zu meinem Abitur. Nach dem Abitur verbrachte ich ein Jahr in einer Gemeinde im Nordosten Brasiliens. Die Begegnung mit einer anderen Kultur, einer neuen Sprache, mit den Problemen eines Landes der sogenannten Dritten Welt, mit dem politischen System einer Diktatur stellten mich in Frage und prägten mich nachhaltig. Zum anderen bekam ich in Brasilien bewußt eine Ahnung davon, was es bedeutet, eine Frau zu sein.

Wieder in Deutschland - ich begann mit dem Theologiestudium, der Entschluß dazu hatte sich in Brasilien verfestigt. Während meines Studiums, in meinem Freisemester, zog es mich wieder nach Brasilien, geriet einiges ins Wanken und gleichzeitig bildeten sich neue Werte heraus. Ins Wanken geriet mehr und mehr mein Verständnis an der kirchlich-klerikalen Umwelt, an der Art und Weise, wie von bestimmten Kathedern aus Theologie betrieben wird. Die Gottesbilder mit ihren patriarchalen Färbungen taten das ihrige dazu. So mußte ich im Laufe des Studiums erkennen, daß viele Inhalte mich nicht betrafen und aus männlicher und meist "geweihter" Perspektive an meine Ohren drangen. Meine Unzufriedenheit nahm mit steigender Semesterzahl zu, und ich begab mich auf die Suche nach einer Heimat in der Theologie.

In Brasilien hatte ich gelernt, perspektivisch zu denken und zu sprechen, mich als Subjekt meiner Geschichte wahrzunehmen und Optionen zu treffen. Dieses setzte ich um, als ich in den Feministischen Lektürekurs ging. Hier fand ich die Heimat, die ich gesucht hatte. Mit anderen Theologinnen begab ich mich auf die Suche nach einer alternativen und befreienden Theologie. Die Feministische Theologie ist zum Prinzip meiner Theologie[10] geworden.

Zum Lebenskontext gehören immer auch Menschen. Ich bin bislang immer von Freundinnen in meinem Leben, in meinen Entschlüssen und Handlungen begleitet worden.[11] Gerne erinnere ich mich an meine Freundin aus der Grundschulzeit, und über diese Erinnerung ist sie mir nahe, auch wenn sich unsere

---

[10] *"Prinzip der Theologie"*: Hierbei handelt es sich um die Frage, wie erhält ein tatsächlicher Standpunkt einen prinzipiellen Charakter, und wie kann man den persönlichen Standpunkt im öffentlichen Leben vertreten? Hierzu muß man den Transfer leisten, d.h. das Begreifen dessen, was man tut, und die Anwendung dessen, was man begriffen hat. Alles muß verstehbar und vermittelbar sein.

[11] Vgl. Mary Hunt, Fierce and Tenderness. A Feminist Theology of Friendship, New York 1991, S.109.

Wege schon lange getrennt haben. Natürlich gibt es auch schmerzhafte Erinnerungen an Freundinnen, manche der Freundinnenschaften sind gescheitert, aber dennoch hat es immer wieder eine beste Freundin für mich gegeben. Zumal das Ende einer Freundinnenschaft für mich nie das Ende der Freundinnenschaft an sich bedeutet hat. Ganz im Gegenteil, vielmehr waren es Punkte in meiner Biographie, an denen die Suche nach einer neuen Freundin begann. Die vergangenen Freundinnenschaften sind immer ein Teil von mir geblieben, und sie bildeten stets den Ausgangspunkt für neue Erfahrungen.
Wenn ich meine Biographie betrachte, dann fallen mir zu ganz bestimmten Lebensabschnitten auch die Gesichter meiner damaligen Freundinnen ein. Sie alle haben an meiner Entwicklung teilgenommen, auch durch sie bin ich das, was ich heute bin. So habe ich mit Freundinnen und zum Teil auch erst durch Freundinnen meine Optionen formulieren können. Meine Beziehungen zu Frauen haben mich verändert, ich bin durch diese Beziehungen mehr ich selber geworden. Freundinnenschaft war und ist eine echt qaulitative Erfahrung in meinem Leben. Und aus diesem Grund ist mir auch die Erinnerung an meine Freundinnen wichtig. Und ich weiß, daß diese Erinnerung in enger Beziehung zu meiner Gegenwart und meiner Zukunft steht.
Frauen und Freundinnenschaft sind ein wesentlicher Teil meines Lebens, und deswegen liegt eine theologische Auseinandersetzung nahe. Weil es die Feministische Theologie gibt, beendete ich mein Theologiestudium, und was es für mich bedeutet, ist in dieser Arbeit zu lesen: Rede von Gott ist Rede von Frauen und Rede von den Frauen, sofern sie authentische Rede ist, ist Rede von Gott.

0.2. Zur Methode

Der Weise entsprechend, eine Theologie zu entwickeln, die im Leben fußt, den Kontext und die Visionen ernst nimmt, ist die Methode dieser Arbeit die der Feministischen Theologie. In den Gedankengängen schwingen immer wieder - explizit oder implizit - meine Intuition, Reflexion von Erlebtem mit. Diese Methode stellt den Anspruch der Exaktheit anderer Methoden in Frage. Die Arbeitsweise der Feministischen Theologie ermöglicht es Frauen ihre Theologie zu entwerfen.

> "Sie ist von vornherein erfahrungsorientiert, ja nimmt Erfahrung, Frauenerfahrung, in ihren Wissenschaftsbericht auf, ist bestrebt, "Herrschaftswissen", das immer eine unterdrückerische Funktion hat, abzubauen."[12]

Die Struktur dieser Arbeit sieht so aus, wie in dem folgenden Zitat von Alfred N. Whitehead beschrieben:

> "Religion ist das, was das Individuum aus seinem eigenen Solitärsein macht. Sie durchläuft, wenn sie sich bis zu ihrer abschließenden Erfüllung entwickelt, drei Phasen. Sie ist der Übergang von Gott, der Leere, zu Gott, dem Feind, und von Gott, dem Feind, zu Gott, dem Gefährten.[13]

Vom Gott der Leere wird kurz die Rede sein, um dann den feindlichen Gott genauer zu analysieren. Für Frauen gewinnt der feindliche Gott als Götze des Patriarchats Gestalt. Dieser Götze unterdrückt die Frauen und die Schöpfung. Im Anschluß daran wird von einer Gott die Rede sein, die zur Freundin wird. Solidarität und Zärtlichkeit, Entschlossenheit und Empfindsamkeit zeichnen Sie aus. Diese Gott ist eine Gott der befreienden Möglichkeiten für die Frauen und die Schöpfung.

Als Formalobjekt dieser Arbeit gilt die Gottesfrage, als Materialobjekt die Feministische Theologie, wobei die Grundlage von Sallie McFague's Arbeiten ("Metaphorical Theology" und "Models of God") gebildet wird. Zur näheren und tieferen Ausarbeitung werden schließlich noch andere Arbeiten Feministischer Theologinnen zur Hilfe gezogen, wie aus dem Literaturverzeichnis zu entnehmen ist.

Diese Arbeit gliedert sich in fünf Kapitel, wobei sich das erste Kapitel mit dem Phänomen der Sprache auseinandersetzt. Es analysiert Sprache und Sprachverhalten und entwirft die Vision von einer "bewohnbaren Sprache in einem bewohnbaren Land"[14].

Das zweite Kapitel befaßt sich mit den theoretischen Grundlagen einer Metaphorischen Theologie und bietet für das nachfolgende Kapitel die Bewertungsgrundlage.

Im dritten Kapitel wird das herkömmliche Sprechen von Gott genauer betrachtet und bewertet.

Im vierten Kapitel wird Freundinnenschaft beschrieben und analysiert. Dies ist erforderlich, da es in dieser Arbeit um den Gottesbildentwurf von Gott als Freundin geht. Um diese Metapher füllen zu können, muß zunächst gezeigt

---

[12] Ruth Ahl, Eure Töchter werden Prophetinnen sein... Kleine Einführung in die Feministische Theologie, Freiburg im Breisgau 1990, S.27.
[13] Alfred N. Whitehead, Wie entsteht Religion?, Frankfurt a.M. 1986, S.15.
[14] Heinrich Böll, Heimat und keine. Schriften und Reden 1964-1968, München 1985, S.49.

werden, wie Freundinnenschaft zu verstehen ist. Nach dieser lebensnahen und persönlichen Einführung in die Thematik der Freundinnenschaft versuche ich im abschließenden Kapitel, die Vision von Gott als Freundin genauer zu entwerfen. Hierbei liegt die besondere Aufmerksamkeit auf den befreienden Möglichkeiten, die sich aus dieser Metapher für Gott, die Frauen und ihre Mitmenschen und die gesamte Schöpfung ergeben können.

Kapitel 1

Sprache zwischen Macht und Ohnmacht

In diesem ersten Teil der Arbeit will ich eine Kurzanalyse von Sprache vorlegen. Dabei wird das Hauptaugenmerk darauf liegen, zu zeigen, daß Sprache mehr ist als nur Informationsträgerin. Sprache ist ein Mittel der Unterdrückung und der Befreiung. Demzufolge möchte ich darstellen, wie die Sprache uns alle prägt, vor allem aber von Männern bestimmt wird. Diese Bestimmung der Sprache durch Männer hat zur Folge, daß Frauen
a) definiert werden
b) daran gehindert werden, ihre eigene Sprache zu entwerfen und zu sprechen.

1.1. Androzentrische Rede und Bilder - Die Sprache der Herrscher

Unsere Gesellschaft ist am Mann und an männlichen Leitbildern orientiert. Dies ist im Alltag an unzähligen Dingen festzustellen: wir brauchen nur die Zeitung zu lesen, Radio zu hören, Fernsehen zu schauen - entweder kommen Frauen nicht vor, oder sie werden verobjektiviert:

> "In der Sprache spiegelt sich die gesellschaftliche Rangordnung. Männer kommen immer zuerst. Frauen stehen immer hintenan."[1]

Es entsteht der Eindruck, als bestünde die Welt nur aus Männern und aus ihrer Sicht, die Welt zu sehen. Die Perspektive der Frauen scheint nicht vorhanden. Und wenn Frauen in der Sprache und in den Vorstellungen der Männer vorkommen, dann doch nur jene, die sich anlehnen, zum Mann aufschauen. Die, die ihren eigenen Kopf entdeckt, die ihren Körper liebt, frauenorientiert lebt, eigene Lebensmuster entwirft, unbequem ist, jedoch nicht. Dies gilt immer noch, auch wenn vor einiger Zeit folgender Spruch in Zeitungen und auf Plakatwänden zu lesen war:

> "Die Frauen von heute gefallen den Männern, weil sie sich weniger gefallen lassen."[2]

---

[1] Senta Trömel-Plötz, Frauensprache: Sprache der Veränderung. Frankfurt 1982, S.94.
[2] Dieses Zitat stammt aus der Zeitschrift "freundin", wobei ich keine näheren Angaben machen kann.

Die Eigenständigkeit der Frau findet hier nur einen scheinbaren Zuspruch, denn nach wie vor entscheiden Männer darüber, was gefällt. Und zum anderen lassen sich Frauen nur weniger gefallen, aber immer noch viel zu viel. Auch hier zeigt sich, daß Sprache ein Mittel der männlichen Ordnung ist, und die Präsenz des Patriarchats zum Ausdruck bringt.

> "Sprache ist ein Instrument, um Wirklichkeit herzustellen, die Wirklichkeit des Patriarchats."[3]

Männer geben also den Ton an, bestimmen wie eine Frau zu sein hat, wie eine Frau sein muß, wenn sie gefallen will. Dieses Faktum sagt sehr viel über das Verständnis der Männer, über ihre Meinung von Männlichkeit: Scheinbar brauchen sie die kleine, zierliche, schwächere Frau, um sich so ihrer Männlichkeit immer wieder zu vergewissern. Und weil sie dies brauchen, das So-Sein der Frau mit Unterlegenheit dem Mann gegenüber definieren und sanktionieren, untermauern sie weiterhin den Mythos der männlichen Überlegenheit im Patriarchat. Sprache ist nicht neutral - sie spiegelt Einstellungen und Grundhaltungen wider. Die Sprache hilft mit, den Mythos vom starken Mann und der schwachen Frau immer neu zu belegen und zu produzieren, indem sie Formulierungen zur Verfügung stellt, wo Männer immer an erster Stelle stehen: Mann und Frau, Vater und Mutter, Söhne und Töchter, Bruder und Schwester, Hänsel und Gretel, Romeo und Julia. Frauen sind die ewig Zweiten. Frauen werden in ihren Beziehungen zu Männern definiert. In der Sprache sehen wir, um wen es geht, wer zählt. Für Frauen bedeutet dies, daß wir uns sensibilisieren müssen für unsere Sprache, für sexistische, diskriminierende Muster in der Sprache. Wir müssen unsere Ohren spitzen, den anderen auf den Mund schauen, sie beim Wort nehmen und darauf achten, wie wir selber reden. Es ist wichtig, daß wir unsere Wünsche und Standpunkte selber formulieren und nicht die Männer für uns reden lassen.

1.2. Die Macht der Definition in den Händen der Herrscher

Sprache, ob nun in der Kirche oder in der Gesellschaft, ist auf Seiten der Herrschenden, der Herren. Sprache wird von den Verwaltern der patriarchalen Ordnung zur Unterdrückung eingesetzt. Dies ist ihnen möglich, weil sie die

---

[3] Senta Trömel-Plötz, a.a.O., S.90.

Wirklichkeit nach ihren eigenen Interessen definieren. D.h. die Herrscher bestimmen was wirklich, wertvoll und wichtig ist. Sie besitzen die Möglichkeit, die Sprache in ihrem Sinne zu beeinflussen und zu prägen. Und aus diesem Vorgang können dann Formen von Gewalt und Unterdrückung hervorgehen. Durch Sprache werden unterschiedliche Gruppen gedemütigt und diffamiert; da wären die Frauen zu nennen, aber auch Schwarze, Indianer und Juden. Mit Hilfe der Sprache werden Gruppen ausgesondert, ihnen negative Eigenschaften zugeschrieben. Sie werden zu minderwertigen Menschen degradiert.[4] So kann eine Gruppe von Menschen glauben, mehr wert zu sein als eine andere. Daß dem so ist, zeigt uns auch gerade unsere deutsche Vergangenheit. Deutsche glaubten mehr Wert zu sein als Jüdinnen und Juden und Weiße behaupten auch heute noch (man denke an Südafrika), mehr Wert gegenüber Schwarzen zu haben. Mit diesem unterdrückerischen Sprachgebrauch verfolgt man immer das gleiche Ziel: andere Menschen für minderwertig zu erklären, sie zu diffamieren, was nicht selten zum Nährboden für Verfolgung wird. Mittels der Sprache kann der Weg zur Folter geebnet werden. Heute sind wir sensibilisierter, es gelten andere Definitionen.

Aber für Frauen haben sich die Definitionen kaum geändert. Männer definieren Frauen weiterhin als Mädchen, Emanzen, Hexen, Weiber. Und nachdem Frauen einmal so definiert worden sind, ist es leicht, ihnen Eigenschaften wie Intelligenz, Selbstvertrauen, Kreativität abzusprechen und ebenso bestimmte Rechte wie Ausbildungsgleichheit und Chancengleichheit. D.h. die Wirklichkeit ist immer noch so festgelegt, daß Mädchen weniger Wert sind als Männer. Frauen müssen noch immer mit diesen von Männern geprägten Richtlinien leben, die eindeutig nur den Männern nutzen. Frauen zählen weniger als Männer, denn die Männer prägen die Gesellschaft. Männer machen Geschichte. Der Mann ist das Haupt der Frau - auch heute noch. Frauen werden ausgesondert, nicht ernst genommen, schlechter behandelt. Frauen werden unterdrückt, und diese Unterdrückung ist ein politisches Faktum: es geht um die Herrschaft der Männer. Die Unterdrückung der Frau ist massiv, was wir daran sehen, daß es nur wenige Frauen im öffentlichen Leben gibt, in wichtigen Berufen oder in hohen Positionen. Solche Frauen sind die Ausnahme und erfüllen leider nur allzuoft eine Alibifunktion. Und in der Katholischen Kirche ist ihr nach wie vor der Zugang zum priesterlichen Amt versperrt. D.h. fast alle Frauen werden, was ihre Entwicklungsmöglichkeiten betrifft, unterdrückt.

---

[4] Vgl. Stephan Güstrau, Literatur als Theologieersatz: Heinrich Böll. "Sie sagt, ihr Kuba ist hier und auch ihr Nicaragua.", Frankfurt a.M. 1990, S.49.

Kräfte und Energien der Hälfte der Menschheit werden im Keim erstickt. Mädchen, die Nobelpreisträgerinnen, Wissenschaftlerinnen, Künstlerinnen werden könnten, müssen sich leider noch immer vielzuoft mit sozial geringen Berufen abgeben, um dann ihrer "wahren Berufung" nachzukommen: der Mutterschaft.

Neben diesen Formen gibt es noch viele andere subtile Arten der Diskriminierung durch Sprache. Verbale Anreden beinhalten oftmals Beleidigungen und Demütigungen. Dabei ist zu bedenken, daß bereits in der Anrede ein wesentlicher Teil der Beziehung definiert wird. Wenn Frauen z.B. erst gar nicht vorkommen oder unter männlichen Anreden subsumiert oder trivialisiert werden, ist dies schon ein Hinweis auf die Beziehungsstrukturen. In solchen Beziehungen ist die Frau nie und nimmer gleichberechtigt.

Die Herrscher definieren Gott und die Welt zu ihren Gunsten und auf Kosten derer, die sie definieren und festlegen. Durch die Art der Darstellung und durch die Auswahl der Inhalte prägen sie die Vorstellungen von der Realität. Die Sprache wird zu einem Instrument der Politik. Dies, weil durch die Definitionen die Möglichkeit der Kontrolle über die Selbstwahrnehmung und Identität all derer, die sie definieren, gewährleistet ist. Für Frauen bedeutet dies, daß sie kolonialisierte Wesen sind.[5]

Ihr Bewußtsein ist nicht unberührt geblieben. Die Bilder und Reden der Männer haben dazu geführt, daß Frauen nach deren Normen eine "Pseudo-Identität" entwickeln, sie im Grunde gar nicht wissen, wer sie sind. Sprache produziert Verhalten. Frauen (oder unterdrückte Gruppen) übernehmen das Rollenverständnis, die Charakterzüge, die ihnen zugesprochen werden. Die Unterdrückten erfahren sich durch das Bild der Rolle, das die herrschende Gruppe geprägt hat.[6]

Aus diesen Gründen ist die androzentrische Sprache und Bilderwelt in Kirche und Gesellschaft zu kritisieren. Sie sind Sprache und Bilder der Herrscher. Es ist nun einmal keine Banalität, wie wir angesprochen werden, wie mit uns gesprochen wird. Deshalb ist es so wichtig, ob wir als Frauen gehört werden, deshalb ist es so wichtig, ob wir bevormundet werden, oder ob wir uns durchsetzen. Wenn Frauen zu Wort kommen, neu Sprechen lernen und den Män-

---

[5] Dorothee Sölle, Gott und ihre Freunde. Stimmen zur feministischen Theologie, in: Luise Pusch, Feminismus, Frankfurt 1983, S.196-209.
Vgl. Frantz Fanon, Die Verdammten dieser Erde, Frankfurt 1981.
[6] Rosemary R. Ruether, Die Frauenbefreiung in historischer und theologischer Sicht, in: Elisabeth Moltmann-Wendel (Hrsgin.), Menschenrechte für die Frau, München 1974, S.162-174.

nern auf den Mund schauen, dann wird dieses veränderte Sprechen neue und befreiende Umgangsformen zur Folge haben. Männer werden beginnen, ihre Erwartungen zu ändern, d.h. anders mit und über Frauen sprechen.

1.3. Frauen und die Sprache der Kleriker

Für Christinnen tut sich neben dem bisher Gesagten eine weitere Schwierigkeit auf: ihr Gott erscheint als Mann, und die Vertreter in Amt und Würden sind, wie Er(?), auch männlich. Eine logische Konsequenz für viele.

> "Gott wird nach dem Muster der patriarchalen Herrschaftsklasse geformt und richtet sich nach der religiösen Vorstellung direkt an diese Männerschicht, er adoptiert sie als seine "Söhne". Sie sind seine Stellvertreter, die verantwortlichen Partner in seinem Bündnis."[7]

Schon immer sind Männer davon ausgegangen, daß Gott sich an sie richtet; kennen wir nicht alle den Gott der Väter Abraham, Isaak und Jakob? Doch DIE der Sarah, Rebekka und der Rahel kennen wir nicht. Diese Gott hat man(n) uns verschwiegen.[8]

Hier wird wieder deutlich, daß Sprache Mittel zur Vertretung bestimmter Interessen ist. Das Verschweigen von Frauenerfahrung ist Ausdruck ihrer Unterdrückung, den Frauen wird die Macht der Erinnerung genommen - ihre Geschichte liegt im Verborgenen. Dieser Tatbestand läßt sich nicht leugnen und kann wie folgt formuliert werden: Der Gott der christlichen Tradition ist ein Gott des Patriarchats geworden. Ein Götze.

> "Gott steht für ein kulturelles Konzept, das allein deshalb geschaffen wurde, um den Mann als den eigentlichen Menschen zu verherrlichen, die Frau aber zu verschweigen."[9]

Dieser Gott hat stets die patriarchale Gesellschaft legitimiert und somit auch die Unterdrückung der Frauen unterstützt. Die Bibel, die Ausdruck des christlichen Selbstverständnisses ist, beinhaltet eine Vielzahl frauendiskriminierender Passagen und klare Anweisungen für das Verhalten von

---

[7] Rosemary R. Ruether, Sexismus und die Rede von Gott. Schritte zu einer anderen Theologie, Gütersloh 1985, S.73.
[8] Dorothee Sölle, Vater, Macht und Barbarei. Feministische Anfragen an eine autoritäre Religion, in: Concilium 17 (1981), S.223-227.
[9] Rosemary R. Ruether, Die Vorherrschaft der Männer in der Religion, in: Norbert Sommer (Hrsg.), Nennt uns nicht Brüder. Frauen durchbrechen das Schweigen, Stuttgart 1985, S.80-86.

Frauen. Die Frauen sollen ihre Rolle als Gattin, Mutter, Untergeordnete annehmen, weil es Gottes ewiger Plan war, sie als "zweite" zu erschaffen und als "erste" in Sünde fallen zu lassen (vgl. 1.Tim 2,8-15).
Aber nicht nur innerkirchlich beherrschen patriarchale Rede und Bilder den Umgang zwischen Frauen und Männern, es läßt sich auch ein gemeinsames Interesse von Kirche und Gesellschaft in Frauenfragen nachweisen:
1869 wurde Myra Bradwell, obgleich sie alle Examen bestanden hatte, die Zulassung als Rechtsanwältin verweigert. Da sie dies nicht ohne weiteres hinnehmen wollte, brachte sie den Fall vor den obersten Gerichtshof der Vereinigten Staaten. Auch der entschied gegen sie. Einer der Richter brachte folgende Begründung vor:

> "Es entspricht der hohen Bestimmung und Sendung der Frau, daß sie ihren edlen und allen zuträglichen Aufgaben als Frau und Mutter nachkommt. So ist es Wille des Schöpfers."[10]

Dieses Argument des Richters ist ein Beweis dafür, wie sich die Interessen der patriachalen Gesellschaft mit denen der patriarchal verfremdeten christlichen Religion die Hand reichen. Zum anderen zeigt dieser Richterspruch, was als Sexismus entlarvt werden muß:

> "Sprache ist sexistisch, wenn sie Frauen und ihre Leistungen ignoriert, wenn sie Frauen nur in Abhängigkeit von und in Unterordnung zu Männern beschreibt, wenn sie Frauen nur in stereotypen Rollen zeigt und ihnen so über das Stereotyp hinausgehende Interessen und Fähigkeiten abspricht und wenn sie Frauen durch herablassende Sprache demütigt und lächerlich macht."[11]

Der Richterspruch ist ein klassisches Beispiel für sexistische Sprache, denn er ignoriert die Leistungen der betreffenden Frau, und zum anderen wird sie durch den Richter auf die stereotype Rolle der Mutter festgelegt. Mutterschaft wird als die Erfüllung des göttlichen Willens gepriesen. Aber diese Aufwertung muß als eine Abwertung für die Frauen entlarvt werden. Denn dieses religiöse Ideal der Frau als Mutter ist auf die herrschende Rolle des Mannes in Gesellschaft und Familie abgestimmt. Die Frau hat für die Kinder dazusein. Es ist der Sinn ihres Lebens - so meinen die Männer und leider auch noch immer einige Frauen - auf den anderen, seine Nöte und Bedürfnisse einzugehen, und die eigene Person zurückzustellen. Die Frau hat in ihrer Hilfsbereitschaft nicht zu zögern. Sie soll nicht fragen, wo sie bleibt. Daß dieses Ideal noch immer

---

[10] Arlene Swidler, Die Frau in einer vom Vatergott bestimmten Religion, in: Concilium 17 (1981), S.228-234.
[11] Senta Trömel-Plötz (Hrsgin.), Gewalt durch Sprache. Die Vergewaltigung von Frauen in Gesprächen, Frankfurt a.M. 1986, S.53.

herrscht und nach wie vor Männern im kirchlichen Bereich gefällt, zeigt eine bewunderte Frau in der heutigen Kirche: Mutter Theresa, die sich ganz diesem Ideal verschrieben hat.
Christliche Religion erweist sich wieder einmal als die Religion der Männer, die ihre Machtinteressen geschickt tarnen und vieles durch ihren männlichen Gott legitimieren. Der Gott der Männer ist Patriarch, ebenso wie sie. Frauen haben in diesem System nur den Platz, den Männer ihnen zuweisen. D.h. faktisch haben sie keinen Platz. Und diese Zuweisung auf Plätze beginnt mittels der Sprache und der Definitionen und Informationen, die sie enthält. Männer bestimmen so einen Teil der Wirklichkeit der Frauen.

1.4. Von der Notwendigkeit, das Schweigen zu brechen. "Ich rede mit dir", heißt: Laß uns die Revolution beginnen[12]

Die vorausgegangenen Gliederungspunkte befaßten sich mit Sprache und Sprachverhalten, analysierten die dahinterstehenden Interessen von Herrschenden, von Männern. In diesem Gliederungspunkt soll das Hauptaugenmerk auf eine ganz bestimmte Institution gerichtet werden, eine, in der bislang nur Männer das Wort haben: die Kirche.
Die christliche Tradition und Theologie sind nicht nur Quelle der Erfüllung und Befreiung, sondern auch eine Quelle der Unterdrückung und Unfreiheit. Feministische Theologie beweist dies vor allem an der Macht und dem Machtmißbrauch religiöser Sprache, die der Verteidigung und Verbreitung patriarchaler Herrschaftsinteressen dient. Es stimmt, daß jene, die die Welt benennen, auch besitzen.[13] Wer die Macht hat, hat das Wort, und das Wort ist bei den Männern. Aus diesem Grund müssen immer mehr Frauen feststellen, daß die Welt der christlichen Religion nicht die ihrige ist; diese Welt wird von Männern benannt und beherrscht. Frauen sind ausgeschlossen.

"Wer denkt z.B. bei den Jüngern an die Jüngerin Maria von Magdala (Mk 15,40f), bei den Aposteln an die Apostolin Junia (Röm 16,7), bei den Propheten

---

[12] Vgl. Carter Heyward, Und sie rührte sein Kleid an. Eine feministische Theologie der Beziehung, Stuttgart 1987, S.207.
[13] Sallie McFague, Metaphorical Theology, Philadelphia 1982, S.8.

an die Prophetin Hulda (2 Kön 22,14), bei Gemeindeleitern an die Gemeindeleiterin Phöbe (Röm 16,1).."[14]

Nur wenn sich diese Welt den Frauen öffnet, ihnen die Möglichkeit einräumt, sich mit ihren Erfahrungen und Sehnsüchten zu artikulieren, nur dann können Frauen wirklich an dieser Welt partizipieren und sie umgestalten. Denn eine Veränderung der Sprache geht einher mit einer Veränderung der Welt. Doch noch immer herrscht Abneigung gegen eine Sprache, in der die Frauen wirklich vorkommen und dies sowohl in der Gesellschaft, als auch in der Kirche. Wohl aus dem Grund, weil die Menschen instinktiv ahnen, daß eine Revolution der Sprache zugleich eine Revolution der Welt, vor allem der Kirche, ist. Die patriarchale Sprache der christlichen Religion ist ein Problem, dem gerade die Frauen ausgesetzt sind. Es ist nicht nur, daß Gott als Vater beschrieben wird, sondern daß die gesamte Struktur der Beziehung Gott, Mensch und Welt einzig und allein aus patriarchalem Blickwinkel gesehen und verstanden wird. So sind nicht nur die meisten Bilder der christlichen Religion patriarchal und hierarchisch geprägt - Gott wird als Vater, König, Herr beschrieben - sondern ebenso unsere Art zu leben. Unsere Regierungen sind patriarchal und ebenso unsere kirchlichen, gesellschaftlichen und familiären Strukturen. Kurzum, wir leben in einem patriarchalen System. Und diese Strukturen sind letztlich alles bestimmend und schließen Frauen permanent aus. An der Entwicklung des Gott-Vater-Bildes[15] wird das besonders deutlich. Dieses Bild wurde zu einem Götzenbild, der modellhafte Charakter ist verloren gegangen und Beziehungen werden einzig und allein an diesem Bild gemessen. Wenn ein Bild zu einem beherrschenden Bild wird, dann geht die Distanz zwischen Vorstellung und Realität verloren. "Vater" wird zu einer Charakterisierung für Gott, das Patriarchat wird zu einer Beschreibung für Beziehungsformen, wie Gott sie anscheinend will. Aus einer väterlichen Umschreibung für Gott wurde ein patriarchales Modell. An diesem Bild läßt sich besonders gut ablesen, was geschehen kann, wenn eine Vorstellung verabsolutiert wird. Aus diesem Grund legen Feministische Theologinnen einen besonderen Wert auf die Notwendigkeit einer Vielzahl von Gottesbildern, denn nur so ist:

a) die Gefahr der Idolatrie gebannt und

b) wird den Menschen die Möglichkeit gegeben, von Gott ihren

---

[14] Evangelische Frauenarbeit in Deutschland e.V.: Gerechte Sprache in Gottesdienst und Kirche, Frankfurt a.M. 1987, S.24.
[15] An dieser Stelle werde ich einige Gedanken nur kurz anreißen, da in Kapitel 3 ausführlich davon die Rede sein soll.

Erfahrungen angemessen zu sprechen. Aber wir sollten uns noch eines weiteren Aspektes religiöser Sprache vergegenwärtigen; religiöse Sprache ist nicht nur religiös, sie ist auch human. Und humane Sprache ist religiös. D.h. wir machen, indem wir von Gott sprechen, nicht nur Aussagen über Gott, sondern auch über uns. Wenn wir vom Menschen sprechen, dann sprechen wir von Gott. Die Bibel sagt, daß wir nach dem Abbild Gottes geschaffen sind, aber wir "schaffen" uns Gott auch nach unseren Bildern. Unsere menschlichen Vorstellungen von Gott entstehen zum größten Teil auch durch das, was wir über uns selbst denken und fühlen. Dadurch kommt der religiösen Sprache eine neue Bedeutung zu, nämlich nicht nur die der Benennung Gottes, sondern auch unserer eigenen. Und in dieser doppelten Namensgebung liegt der erste Schritt zur Befreiung. Durch sie können wir von Gott als Gott sprechen. Deswegen ist es auch so wichtig, daß Frauen ihre Erfahrungen aussprechen, Verfälschungen entlarven, Wahrheit einklagen - das Wort ergreifen. Nicht mehr nur benannt zu werden, sondern selber benennen.

"Menschlich existieren heißt, die Welt benennen, sie verändern."[16]

Dieses Recht zu benennen, ist den Frauen genommen worden, und immer mehr Frauen beginnen, es für sich zu fordern. Und dies, um den Zustand der Fremddefinition und der Fremdbestimmung zu überwinden und selbstbestimmend aus ihrer Perspektive ".. das Selbst, die Welt und Gott zu benennen. Sie fordern das Recht des Menschseins."[17] Das Brechen des Schweigens, der Widerstand wird zu einem Akt der Kommunikation. Und das neue Bewußtsein drückt sich durch eine neue Sprache aus.

"Und das Ergebnis ist, daß wir, obwohl wir dieselben Dinge betrachten wie Sie, alles mit anderen Augen sehen."[18]

Aus der Perspektive von Frauen zu sprechen bedeutet, "männliche Erfahrungen und Einsichten als eine bestimmte Erfahrung und Wahrnehmung der Wirklichkeit anzusprechen."[19] Und indem Frauen aus ihrer Sicht ihre Wahrnehmung von Wirklichkeit ausdrücken, entlarven sie die geläufigen Vorstellungen als in weiten Bereichen von Männern produzierte Vorstellungen. Wenn Frauen aus ihrer Perspektive sprechen heißt dies, daß die Erfahrungen von Frauen mit Gott und der Welt formuliert werden, die in den männlichen Reden

---

[16] Paulo Freire, Pädagogik der Unterdrückten, Stuttgart 1971, S.71.
[17] Mary Daly, Jenseits von Gottvater Sohn & Co, München 1988, S.21.
[18] Virginia Woolf, Drei Guineen, München 1977, S.8.
[19] Elisabeth Schüssler-Fiorenza, Für Frauen in Männerwelten. Eine kritische feministische Befreiungstheologie, in: Concilium 20 (1984), S.34-38, S.34.

oft überhaupt nicht vorkommen oder nur am Rande thematisiert werden. Ein solches Sprechen bedeutet gleichzeitig den Abbau männlicher Herrschaftsansprüche. Frauen haben ihre eigenen Erfahrungen, Vorstellungen und Gedanken und fordern zurecht, diese formulieren und thematisieren zu können.

"Als Frauen in der Männerkirche Fuß faßten, bemühten sie sich zuerst, die Sprache dieser Gesellschaft zu sprechen, deren Rollen zu spielen und deren Rhythmen zu akzeptieren. Aber je mehr Frauen zum Selbstbewußtsein kamen und sich ihrer eigenen Lebensgefühle, ihres eigenen Denkens bewußt wurden, desto stärker wurde das Gefühl, das dies ja gar nicht ihre Sprache war, die auch kaum ihre Erfahrung wiedergab."[20]

Nur eine Sprache, in der Frauen formal und inhaltlich ihren Ausdruck finden, ermöglicht es, neue und andere Wahrnehmungen der Wirklichkeit zu benennen. Die sprachlichen Veränderungen, die Frauen fordern, gehen demnach über rein äußerliche Veränderungen an den einzelnen Formen hinaus, denn durch das ausdrückliche Sichtbarmachen von Frauen wird eine neue Wirklichkeit geschaffen. Wenn Frauen ihre eigene Wirklichkeit bezeichnen und erfassen, beginnen sie, ihre Wirklichkeit zu gestalten. Sprache hat eine doppelte Funktion, denn "nicht nur das Bewußtmachen von Diskriminierung läuft über die Sprache, sondern auch die Auflösung der Vorurteile."[21] Weil Frauen aus ihrer Perspektive die Wirklichkeit benennen, machen sie diese sichtbar und damit sogleich auch veränderbar. Wo Frauen das Schweigen durchbrechen, lernen sie, Täuschungen zu durchschauen, enttäuscht, d.h. ohne Täuschung zu leben. Dieses Zu-sich-selbst-kommen, die neue Sicht der Dinge, meint einen qualitativen Wandel von Bewußtsein und Verhaltensweisen. Dies bedeutet für Frauen: "das Schwierigste nicht zu scheuen, das Bild von sich selbst ändern."[22] Und indem Frauen dies wagen, sich selbst neu definieren, gestalten sie ihre Zukunft neu. Weiblichkeitsmythen werden in Frage gestellt, und durch die eigene Interpretation der Wirklichkeit wird ihnen ihre Wirkmächtigkeit genommen. Wenn Frauen ihre Sprache sprechen, bedeutet dies:

"Frauen reden mit Autorität, Energie und Stärke, Frauen reden miteinander in Zuwendung und Offenheit, Frauen erheben die Stimme, Frauen unterstützen Frauenstimmen, Frauen hören Frauen, Frauen werden gehört. Frauensprache heißt Veränderung."[23]

---

[20] Elisabeth Moltmann-Wendel, Nicht mitreden, sondern selbst reden, in: Norbert Sommer (Hrsg.), Nennt uns nicht Brüder, S.163.
[21] Senta Trömel-Plötz, Frauensprache, S.34.
[22] Christa Wolf, Kassandra, Darmstadt/Neuwied 1983, S.25.
[23] Senta Trömel-Plötz, Frauensprache, S.34.

Und die vernehmbaren Stimmen und Erfahrungen von Frauen sind der Beginn der Humanisierung, auch in der Theologie.

Kapitel 2

Das neue Sprechen von Gott. Metaphorische Theologie - eine Theologie der neuen und befreienden Möglichkeiten.

In dem nun folgenden Teil der Arbeit sollen die Grundlagen einer Metaphorischen Theologie herausgearbeitet werden, die sich vor allem auf den Ansatz von Sallie McFague beziehen. Zugleich wird die Wichtigkeit der metaphorischen Rede von Gott hervorgehoben werden; und es wird sich zeigen, daß von Gott eigentlich nur metapohrisch zu sprechen ist.

> "Wir können nur indirekt von Gott sprechen, indem wir unsere Welt und uns selbst als Metaphern dazu benützen, unser Verhältnis zur Gottheit auszudrükken."[1]

Dieses Fundament wird dann in den nachfolgenden Kapiteln als Basis für die Bewertung eines falschen Sprechens von Gott, das daran erkennbar ist, daß Gott in ihr der Anwalt einer Ideologie der Herrscher, der Männer geworden ist. Indem eine Religion zu diesen Zwecken benutzt wird, ist sie gottlos.[2] Zugleich bietet dieses Kapitel auch die Grundlage für die Bewertung neuer Gottesbilder. Neue Gottesbilder und somit neues Sprechen von Gott wird im besonderen von der Metaphorischen Theologie bei Sallie McFague gefordert und beinhaltet einen freien und perspektivischen Ansatz von Theologie, der gerade für Frauen befreiende Möglichkeiten birgt, weil er den Ausdruck ihrer Erfahrungen mit Gott, Mensch und Welt ernst nimmt. Sie als Orte der Theologie wahrnimmt und den Prozeß ihrer Menschwerdung fördert.

2.1. Zur Begriffsklärung: Metapher

Für viele Menschen ist eine Metapher eine poetische Form für die Darstellung einer Idee. D.h. Metaphern befinden sich in Büchern, sind Sprachgegenstand der DichterInnen. Aber bei genauerer Betrachtung kann festgestellt werden, daß auch unsere Alltagssprache mit einer Vielzahl "toter" Metaphern bestückt

---

[1] Sallie McFague, Mutter Gott, in: Concilium 25 (1989), S.545.
[2] An dieser Stelle beziehe ich mich wiederum auf eigene Mitschriften zu der Vorlesung "Das Gottesproblem heute - Die Anfrage an den Theismus", die Prof. Dr. E. Klinger in SS 1989 hielt. Sie ist bislang unveröffentlicht.

ist, wie z.B. "Stuhlbein". Diese und andere Metaphern sind leblos, weil gewöhnlich, alltäglich für uns. Wir haben uns so an sie gewöhnt, daß wir uns über ihre Aussagen kaum mehr Gedanken machen. Aber dennoch beinhalten sie im Kern das, was eine Metapher zur Metapher macht: Eine Metapher sieht ein Ding als etwas anderes und das Andere wird verwendet, um das Ding zu beschreiben.[3]
Metaphorisches Denken beschreibt demnach etwas Unbekanntes mit Hilfe eines Bekannten. DichterInnen bedienten sich schon zu allen Zeiten Metaphern um die großen Unbekannten - Sterblichkeit, Liebe, Furcht, Freude, Hoffnung - zu beschreiben. Und auch die religiöse Sprache benutzte und benutzt Metaphern, um Aussagen über die Beziehung von Gott, Mensch und Welt machen zu können.

Durch die Verwendung von Metaphern ergeben sich neue bedeutsame Sachverhalte:

1) Durch den Gebrauch von Metaphern kommen neue Bedeutungen in die Rede. Gute Metaphern sind Entdeckungen.
2) Metaphern schaffen Sinn, sie haben die Macht, Wirklichkeit nachzuzeigen. Dies hat zur Folge, daß über Sprache neue Bereiche der Welterfahrung eröffnet werden.
3) In den Gleichnissen, die wie die Parabeln und Bildreden unmittelbar metaphorisch sind, erfolgt eine Neubeschreibung der Existenz. Biblische Sprache als metaphorische Sprache eröffnet den Menschen neue Möglichkeiten von Existenz.
4) Durch metaphorische Sprache werden Erfahrungs- und Wirklichkeitsbereiche zur Sprache gebracht.[4]

Diese wichtigen Sachverhalte ergeben sich aus einem Verständnis, das davon ausgeht, daß sich Funktion und Bedeutung der Metaphern nur hermeneutisch, in bezug auf bestimmte interpretierende Kontexte erfassen lassen - in einem unabschließbaren Prozeß wechselseitiger Interpretation. Demnach kommt dem Kontext, nicht den substituierten Normen, die tragende Bedeutung zu.[5] Meta-

---

[3] "Most simply, a metaphor is seeing one thing as something else, pretending "this" is "that" because we do not know how to think or talk about "this", so we use "that" as a way of saying something about it."
Sallie McFague, Metaphorical Theology, S.15.
Vgl. Nelle Morton, The Journey is Home, Boston 1985, S.152.
[4] C.F. Geyer, Art. Metaphorik, in: Wörterbuch des Christentums, hrsg. v. Volker Drehsen u.a., Gütersloh/Zürich 1988, S.805.
[5] ebd.

phern besitzen ein Potential, neue Welten zu erschließen. Metaphern bringen nahe, was fern war. Metaphern bergen neue Informationen.

"Die Metapher sagt etwas Neues über die Wirklichkeit."[6]

Der metaphorische Sinn schafft eine "Nähe" zwischen Bedeutungen, die vorher einander fremd waren. Dieser "Nähe" strömt ein neuer Aspekt von Wirklichkeit zu, der die gewöhnliche und an den Wortgebrauch der Umgangssprache gebundene Anschauung Widerstand leistet. An dieser Stelle lassen sich nun zwei Kriterien für den Umgang mit Metaphern herausschälen:
1) Metaphern basieren darauf, Ungleiches in Beziehung zu setzen
2) Sie beinhalten ein Potential von Ungewöhnlichkeit und Unkonventionalität und erschließen so eine neue Realität.

Gute Metaphern sind Entdeckungen und die Sprache wird zu einem Abenteuer. Aus diesem Grund "schocken" gute Metaphern, da sie in der Lage sind, Kontraste in Beziehung zu setzen. Metaphern sind deswegen implizit revolutionär.[7]

Von einem weiteren Punkt soll die Rede sein, der zwar weniger offensichtlich, aber dennoch von großer Bedeutung ist, nämlich die Tatsache, daß metaphorisches Denken menschliches Denken und Sprechen konstituiert. Seit unserer Kindheit erschließen wir uns die Welt durch Metaphern. Wenn Kinder z.B. die Bedeutung der Farbe Rot lernen, dann erkennen sie diese über viele verschiedene Dinge (roter Ball, roter Apfel, rote Schuhe). Und wenn wir einmal nicht wissen, wie wir über etwas bestimmtes zu denken haben, dann fragen wir: Wie sieht es aus? Wem gleicht es?

Metaphorisches Denken gehört also zu unserem Denken, zu unserer Sprache. Es hilft uns, im Alltag die Welt, so wie sie uns begegnet, zu erschließen und ist nicht nur den DichterInnen vorbehalten. Vielmehr ist das metaphorische Denken die Art und Weise, wie wir denken.

Metaphorisch Denken heißt aber auch, daß die Metaphern, wenn sie nicht sinnleer und bedeutungslos werden sollen, einem ständigen Prozeß der Wand-

---

[6] Paul Ricoeur, Metapher, S.48.
[7] "The journey of a metaphor includes two activities. The first may be called the shattering (...) or the exorcism (...) or the blotting out (...). The second is the ushering in of a new reality: the transcending to a totally new horizon or perspective that the old horizon kept hidden so long."
Die Reise einer Metapher beinhaltet zwei Tätigkeiten. Die erste könnte bezeichnet werden als das Zerschlagen(...), oder der Exorzismus (...), oder das Auslöschen (...) . Die zweite als Herbeiführung einer neuen Realität: der Hinführung zu einem neuen Horizont, einer neuen Perspektive, die der alte Horizont lange verhüllte, verborgen hielt.
Nelle Morton, The Journey Is Home, S.152.

lung und der Kreativität unterworfen sind. Denn es gilt ja immer, sich durch Sprache dem Kontext zu nähern und die Realität zu erschließen. Aus diesem Grund kann man davon sprechen, daß Metaphern verschiedene Stadien durchlaufen:
1) Neue Metaphern sind revolutionär, wecken auf, machen horchen.
2) Die Metapher wird einsichtig, verständlich.
3) Die Metapher wird gewöhnlich, wird leer, was zur Folge hat, daß der kritische Gehalt durch den Prozeß der Gewöhnung verloren gegangen ist. Spätestens an dieser Stelle müssen neue Metaphern erschlossen werden; denn

"Metaphor is not a static word or a frozen image."[8]

Der bestechende Vorteil eines bewußten Umgangs mit Metaphern ist der, daß ein solches Sprachbewußtsein immer kritisch und kreativ ist. Kritisch, weil es Sprache hinterfragt auf ihren Sinn und ihre Bedeutung. Kreativ, weil es versucht, sich adäquat auszudrücken, und so Grundlage einer verständlichen Sprache ist, die mit den Veränderungen der Menschen und der Gesellschaft standhält.

Ein in dieser Art erweiterter Metaphernbegriff besteht demnach darin, daß sich von "Gott eigentlich nur und ausschließlich metaphorisch sprechen läßt."[9]

2.2. Gleichnisreden Jesu im NT - das Fundament für eine Metaphorische Theologie

Im vorausgegangenen Gliederungspunkt habe ich Metaphern so charakterisiert, daß sie bisher Unverbundenes in Beziehung setzen und deswegen oftmals unkonventionell und überraschend sind. Sie erschüttern, machen denken, locken ein Schmunzeln hervor, sind kritisch und revolutionär. In diesem Gliederungspunkt folgt eine genauere Betrachtung und Analyse der Gleichnisreden, die ja unmittelbar metaphorisch sind. Christliche Theologie ist immer Interpretation des Evangeliums in eine bestimmte Zeit und in einen bestimmten Kontext hinein. Das Herzstück der Verkündigung Jesu ist die Botschaft vom

---

[8] "Eine Metapher ist kein statisches Wort oder ein eingefrorenes Bild". Nelle Morton, a.a.O., S.152.
[9] C.F. Geyer, Art. Metaphorik, S.806.

Reich Gottes.[10] Der Evangelist Lukas charakterisiert Jesu Botschaft und Sendung so:

"Der Geist des Herrn ruht auf mir: denn der Herr hat mich gesalbt. Er hat mich gesandt, damit ich den Armen eine gute Nachricht bringe; damit ich den Gefangenen die Entlassung verkünde und den Blinden das Augenlicht: damit ich die Zerschlagenen in Freiheit setze und ein Gnadenjahr des Herrn ausrufe." Lk 4,18-19

Das Reich Gottes zeichnet sich durch Gerechtigkeit und Befreiung aus. Und diesem Reich Gottes wird von den Frauen, Armen, Ausgebeuteten und denen, die an den Rand der Geschichte gedrängt werden, der Boden bereitet. Eine neue Gesellschaft ist im Anbruch, in der Ausbeutung ein Ende finden wird. Ein neuer Himmel und eine neue Erde werden geschaffen (vgl. Jes 65,17). Die Gleichnisreden sind eine typische Form in der Verkündigung Jesu - mit ihrer Hilfe wird Wirklichkeit erschlossen. Gleichnisse geben nicht vor, was die/der Hörerin/Hörer glauben, denken soll. Sie sind auch keine Form einer schwer verständlichen Insidersprache, ganz im Gegenteil: Gleichnisse erzählen in säkularer, allgemein verständlicher Sprache die Geschichten ganz gewöhnlicher Menschen und alltäglicher Begebenheiten. Da ist z.B. die Rede von einem Hirten, der hundert Schafe hat und davon eines verliert. Dieser verläßt die neunundneunzig Schafe und begibt sich auf die Suche nach dem einen Schaf. Und wenn er es dann gefunden hat, wird er seine Freude darüber mit Freunden und Nachbarn teilen (vgl.Lk 15,1-7). Oder die Geschichte von der Frau, die von ihren zehn Drachmen eine verliert. Sie sucht ihr ganzes Haus ab, schaut in allen Ecken und Winkeln nach, und wenn sie sie dann findet, freut sie sich mit ihren Freundinnen und Nachbarinnen (vgl. Lk 15,8-10).

Die Gleichnisse sind deswegen so passend, weil sie uns von Begebenheiten, die uns vertraut sind, berichten. Wobei hinter diesen Begebenheiten noch eine weitere Dimension verborgen ist. D.h. die Gleichnisse sind metaphorische Statements über religiöse Fakten, die uns in den Tiefen unserer Existenz erreichen.

---

[10] Zum Begriff des Reich Gottes muß ich jedoch sagen, daß er mir heute als unangemessen scheint, da ich in keinem Königreich lebe und darüberhinaus verbinde ich mit dem Wort Reich vielmehr negative Assoziationen. Ferner drückt dieses Wort für mich auch nicht die positive und verantwortungsvolle Beziehungshaftigkeit von allem was ist aus. Daher ziehe ich es vor, mit Sallie McFague vom "well-being-of-all-life" zu sprechen.

2.3. Gleichnisreden - Ausdruck der Forderung eines Paradigmenwechsels

Gute Metaphern erschüttern, sind voller Spannung, weil sie Gegensätze aufeinander beziehen. Und genau dieses Faktum läßt sich auch in den Gleichnisreden Jesu erkennen. In ihnen werden Kontraste relational gedacht, sie schocken, sie verwirren, sie werfen Konventionen über Bord, und eine neue Ordnung der Dinge wird sichtbar. Indem die Gleichnisse die alte Ordnung aufheben, die/den Zuhörerin/Zuhörer zunächst desorientieren, ermöglichen sie eine Neuorientierung (vgl. Lk 17,33; Lk 6,27) und verweisen sogleich auf die Ordnung Gottes. Ein Gleichnis sagt: willst du einen Anhaltspunkt darüber, was das Reich Gottes ist, höre die Geschichte von dem Mann, der Gäste zu einem Festessen lud. Keiner kam, die Geladenen gaben zu ihrer Entschuldigung geschäftliche und familiäre Gründe an. Daraufhin entschloß sich der Mann, die Frauen und Männer von der Straße zu sich einzuladen, mit ihnen Mahl zu halten (vgl. Lk 14,15-24). Die ganze Geschichte ist eine Metapher, die zur Beschreibung dessen dient, was Jesus das Reich Gottes nannte. Auf narrative Weise wird verständlich, wie die Vorstellungen Gottes sind. In den Gleichnissen erhalten jene ihre Würde zurück, die durch Verfälschungen als "unwürdig" galten (vgl. Lk 14,16-21). D.h. in den Gleichnissen wird ein Paradigmenwechsel vollzogen, Würde wird neu definiert. Und eben dieser neue Begriff eröffnet Frauen und Männern befreiende Erfahrungen und Perspektiven. Dies bedeutet aber, daß in seiner Analyse ein Gleichnis immer ein Angriff auf die konventionelle Art von Leben und Lebensentwürfen ist. Es ist eine Bedrohung für die sozialen, wirtschaftlichen und mythischen Strukturen, die Menschen sich schaffen, zu ihrem Komfort und ihrer Sicherheit.

In diesem Zusammenhang können Gleichnisse als Metaphern und das dahinterstehende metaphorische Denken als prophetisches Denken bezeichnet werden. Prophetisch, weil es kritisches Denken ist, daß den Widerspruch verschiedener Vorstellungen aufzeigt. Prophetie ist immer ein Protest gegen den Status quo der priviligierten Herrschaftsklassen, gegen Ausbeutung. Die Botschaft Jesu erweist sich somit als scharfe Kritik an der bestehenden Gesellschaftsordnung. Und diese Kritik wird gerade in den Gleichnissen zum Ausdruck gebracht, denn in ihnen werden konventionelle Verständnisse und Normen wie z.B. monarchische und hierarchische Verständnisweisen von "Königreich" und "Gesetz" neu definiert. Aus den Gleichnissen entnehmen wir, daß das Reich Gottes nicht mit einem normalen Königreich zu vergleichen ist. Aus den Gleichnissen entnehmen wir, daß Gott echte Beziehung mit den Menschen und der gesamten Schöpfung will. Die Gleichnisse verkünden uns die Umkehrung aller Werte, Befreiung der Unterdrückten und Bekehrung der Reichen (vgl. Lk 14,7-11).

2.4. Jesus - eine Metapher für Gott

In den Gleichnissen werden gewöhnliche Personen, ihre Probleme, ihre Skepsis, ihr Verhalten, das uns manchmal fremd, dann bekannt und dann wieder mutig und revolutionär scheint, metaphorisch zum Ausdruck gebracht. Diese Charakterisierung der Metaphorik in den Gleichnissen gilt, bei genauerer Betrachtung und Analyse, auch für die Person und das Handeln Jesu. Er, der Sohn von Maria und Josef, geboren in einer Kleinstadt, ist ein gewöhnlicher Mensch. Er ist voller Fragen und Angst, ist Versuchungen ausgesetzt und geht seinen Weg. Immer stand er in Interaktion zwischen der Ordnung der Welt und der Ordnung Gottes, die er verkündete. Aber "he not only tells shocking stories but leads a shocking life towards a shocking end."[11] Jesu Verhalten ist revolutionär und unkonventionell. Dieses stößt bei den Ordnungshütern auf Mißtrauen und Ablehnung. Heißt dies, daß das Leben Jesu, sein Tod und seine Auferstehung eine Metapher für Gott ist?
Als Menschen sind wir in der Lage zur Gotteserkenntnis und zu Aussagen über Gott. Und diese Aussagen sind längst nicht so unbestimmt wie es den Anschein hat. Denn Jesus wurde Mensch und so wurde Gott als Gott. Weil es die Inkarnation gibt, sind Aussagen über den Menschen Rede von Gott und die Rede von Gott ist Rede von den Menschen.

> "Vom Menschen zu Gott und von Gott zum Menschen, von der Geschichte zum Glauben und vom Glauben zur Geschichte, (...), von menschlicher Gerechtigkeit zur Heiligkeit Gottes und von der Heiligkeit Gottes zur menschlichen Gerechtigkeit, vom Armen zu Gott und von Gott zu den Armen.[12]

Gott offenbart sich durch die Menschwerdung, nimmt Platz in unserer Geschichte ein.

---

[11] "... er erzählt nicht nur empörende Geschichten, sondern er führt auch ein empörendes Leben, hin zu einem empörenden Ende".
Leander E. Keck, A future for the historical Jesus: The place of Jesus in preaching and theology, Philadelphia 1981, S.246.
[12] Gustavo Gutiérrez, Die historische Macht der Armen, München/Mainz 1984, S.21.

"In Jesus offenbart sich Gott nicht nur in der Geschichte, sondern wird selbst Geschichte und schlägt sein Zelt auf dem Boden der Geschichte auf."[13]

Daraus kann gefolgert werden, daß wir über die Person des historischen Jesus, über seine Botschaft und sein Handeln, über seinen Tod und seine Auferstehung zu relevanten, echten Aussagen über Gott, Mensch und Welt gelangen. Durch die Tatsache, daß Jesus Mensch wurde und deswegen Gott ist, ist es möglich Gott und Jesus, Mensch und Welt, Jesus und Mensch, Gott und Welt aufeinander zu beziehen. Und der Glaube an die Inkarnation bedeutet, daß es keine Dichotomie zwischen Geist und Materie, Gott und Schöpfung gibt.

"Das Verhältnis zwischen dem Göttlichen und dem Menschlichen oder zwischen Gott und Schöpfung in der Inkarnation ist vielmehr eine Beziehung von unwiderruflicher Einheit, gegenseitiger Achtung und leidenschaftlicher Liebe."[14]

So werden Aussagen Jesu Aussagen Gottes, Aussagen über Jesus Aussagen über Gott. Jesus zu einer Metapher für Gott.

2.5. Metaphorische Theologie und die Autorität der Bibel

Grundlagen für eine Metaphorische Theologie sind, wie wir in den vorausgegangenen Gliederungspunkten gesehen haben, die Gleichnisreden Jesu und die Person Jesu als Metaphern für Gott. An dieser Stelle taucht unweigerlich die Frage nach der Autorität der Bibel für eine Metaphorische Theologie auf, der im folgenden nachgegangen werden soll.

Metaphorische Theologie geht davon aus, daß im NT Menschen ihre Erfahrungen mit Jesus und seiner Botschaft zum Ausdruck bringen, der ihr Leben veränderte. Diese Menschen geben ihm Autorität, bekennen sich zu Jesus als dem Christus. Als authentischen Erfahrungsberichten kommt ihren Aussagen Autorität zu. Diese Erfahrungsberichte und die Wiedergabe der Worte Jesu erfolgt, wie wir bereits herausgearbeitet haben, metaphorisch. Die Sprache in Metaphern hat, wenn wir sie ernst nehmen, auch Konsequenzen für unsere Art und Weise, Theologie zu betreiben. Eine Theologie, die auf diesem Fundament aufbaut ist: prozeßhaft, bilderstürmend und transformativ.[15]

---

[13] ders., a.a.O., S.19.
[14] Anne E. Carr, Frauen verändern die Kirche, Gütersloh 1990, S.188.
[15] Sallie Mc Fague, Metaphorical Theology, S. 19.

Ein Sprechen von Gott, das die Gleichnisse Jesu verwendet und ihn als Metapher für Gott, besitzt die Möglichkeit, am Leben orientiert von Gott zu sprechen. Eine solche Theologie kann Standpunkte und Perspektiven vertreten und vermitteln. Die vielen Gleichnisse über das Königreich z.B. sagen uns einiges über die Grundsätze Gottes, über das, was es heißt, in Übereinstimmung mit Gott zu leben. Und die Person Jesu sagt uns konkret etwas über die Beziehung von Gott, Mensch und Welt. Seine Botschaft ist der Entwurf echter Beziehung, die Ausdruck der Humanität und der Heimat ist. Eben Menschwerdung.

Die Botschaft und die Person werden als Autorität[16] anerkannt, aber nicht in einem fundamentalistischen, autoratistischen Sinn. Denn es findet nicht die Verabsolutierung des geschriebenen Wortes als das "Wort Gottes" statt. Vielmehr erkennt die Metaphorische Theologie die Pluralität der Vorstellungen von Gott an, denn schon die Evangelisten haben im NT aus einer jeweils ganz bestimmten Perspektive ihren Bericht von Jesus, dem Christus verfaßt. Sie sahen ihre Erfahrungen mit Jesus im Licht der ersten Jahrhunderte in Palästina und durch ihre eigenen Belange und durch die eigene Geschichte. Hieraus läßt sich dann aber die Schlußfolgerung ableiten, daß religiöse Sprache im Christentum nicht "einheitlich" sein kann, sondern daß je eigene Schwerpunkte gebildet und vertreten werden müssen. Ein Prozeß, der sich bis heute fortsetzt. Wenn die Pluralität der Vorstellungen von Gott nicht gewährleistet ist, dann wird unsere Rede von Gott blasphemisch, weil eine Vorstellung zu der absoluten wird. Auf die Pluralität setzt gerade die Metaphorische Theologie, und so bietet sie auch heute Menschen die Möglichkeit, ihre Erfahrungen auszudrükken. D.h. die Autorität liegt nicht nur in der kanonisierten Schrift, sondern auch in den Erfahrungen und in den Standpunkten von Menschen, die von ihrem Glauben wissen, ihn vertreten und danach handeln.

2.6. Gleichnisreden - die Zurückweisung der Ideologie der Beziehungslosigkeit

Die Gleichnisreden im NT können unter mehreren Gesichtspunkten zusammengefaßt werden, aber der bedeutsamste Gesichtspunkt liegt meines Erach-

---

[16] Autoritätsbegriff nach Prof. Dr. E. Klinger: *Intellektuell*: bezogen auf das Wissen, *Voluntativ*: als Entscheidung für und Vertreten von Gewußtem, *Pragmatisch*: als Machen und Durchsetzten des Vertretenen.

tens nach auf der Betonung der Beziehungen, die Menschen zueinander haben. In den Gleichnissen kommt es nicht so sehr darauf an, wer die betreffenden Personen sind (obgleich natürlich auch der Status der Personen eine Rolle spielt), sondern was sie tun, wie sie sich verhalten. Die Handlung ist immer das Herzstück des Gleichnisses. In der Handlung werden die Beziehungen zum Ausdruck gebracht. Gleichnisse wie z.B. das vom verlorenen Sohn (Lk 15,11-32), dem guten Samariter (Lk 10,30-37), vom Gastmahl (Lk 14,15-24) verdeutlichen dies. Es sind immer die Verhaltensweisen, die das Zentrum bilden, die zum Stein des Anstoßes werden. Jesus war eine Person, die zu anderen in Beziehung trat und dies mit Macht und transformierender Kraft.[17] Für eine Rede von Gott im Sinne Metaphorischer Theologie ist die Person Jesu aus zwei Gründen von besonderer Bedeutung:

1) Wenn wir, wie auch Jesus, der Mensch war, nach dem Abbild Gottes geschaffen worden sind (Gen 1,27), folgt daraus die Möglichkeit, von Gott in unseren Bildern zu sprechen. Aufgrund der "Ähnlichkeit" haben wir eine Ahnung von Gott. Das bedeutet im Rahmen einer Metaphorischen Theologie, daß relationale, personale Metaphern zentral sind.[18]

2) Der zweite Grund für die besondere Bedeutung der Person Jesu liegt darin begründet, daß eine patriarchale Sprache das Personsein Jesu nur bedingt zum Ausdruck bringt.

Oft wird von Jesus nur als dem Christus gesprochen und so bedarf es noch immer der Entdeckung des historischen Jesus als einer Person, die mit ihrer Offenheit und Bereitschaft zur Begegnung und zur Beziehung mit Menschen auch für uns richtungsweisend sein kann. Die Bereitschaft zur Beziehung kommt wie bereits gesagt, in aller Deutlichkeit in den Gleichnissen zum Ausdruck. In den Gleichnissen begegnen sich Menschen.

Patriarchale Modelle in der christlichen Tradition betonen Funktion und Status, aber nie die Beziehung. Aus diesem Grund erscheinen sie mir eine Perversion der Inhalte und des Selbstverständnisses Jesu zu sein. Das Patriarchat ist die Ideologie der Beziehungslosigkeit.[19] So ist z.B. die Weigerung der katholischen Kirche zur Frauenordination nichts anderes als die Verabsolutierung der

---

[17] Vgl. Carter Heyward, Und sie rührte sein Kleid an, Stuttgart 1987.
[18] Ich spreche hier bewußt im Plural, denn Metaphorische Theologie insistiert auf eine Vielzahl und breiten Streuung von Metaphern für Gott. Dies geschieht, um Idolatrie zu bannen und um den Reichtum an Beziehungen zwischen Gott, Mensch und Welt auszudrükken.
[19] Vgl. Catherine Keller, Der Ich-Wahn. Abkehr von einem lebensfeindlichen Ideal, Zürich 1989.

Männlichkeit. Von den kirchlichen Oberhäuptern wird gefordert, daß es eine physische Ähnlichkeit zwischen dem Priester und Christus geben muß. Dies besagt nichts anderes, als daß der Besitz männlicher Genitalien die essentielle Vorbedingung dafür ist, Christus zu repräsentieren.[20] Die Botschaft Jesu kann in einem ideologischen Modell des Patriarchats nie zum Ausdruck gebracht werden. Und zum anderen ist die Dominanz patriarchaler Modelle Idolatrie. Um dies zu verdeutlichen, mag folgendes genügen: Der Name Gottes ist **nicht** Vater, auch wenn viele Menschen Gott und Vater ständig einander gleichsetzen, so als wäre Vatersein eine Beschreibung Gottes. Metaphorische Theologie betont personale und relationale Metaphern für Gott, aber nicht notwendigerweise so, wie die Tradition diese Metaphern und Inhalte interpretiert. Wenn wir sagen, Gott ist Vater, so ist dies zugleich "wahr" und "unwahr".[21] Und wenn es "wahr" ist, dann muß sich diese Vaterschaft von der patriarchal geprägten Vaterschaft grundsätzlich unterscheiden. Zum anderen sollen auch neue Beschreibungsformen für die Beziehung Gott, Mensch und Welt ermöglicht werden; solche, die den Menschen heute etwas sagen und bedeuten können. Dies bedeutet, daß es unwichtig ist, ob die neuen Metaphern wörtlich im NT oder im AT vorkommen - dies ist bei Freundin, Geliebte, Befreierin nicht der Fall - es kommt vielmehr darauf an, daß diese Metaphern in der biblischen Botschaft ihren Grund haben, sie eine Umschreibung der Hoheitstitel in unsere heutige Sprache sind. Demnach sind sie nicht wörtlich biblisch, aber dafür authentisch biblisch. Daß gerade die alten Modelle[22] strukturelle Implikationen beinhalten und demnach unterdrückerische Wirkung haben, ist von Feministischen Theloginnen nachgewiesen worden.[23] Patriarchale Modelle haben versklavenden, unterjochenden Charakter und dies sowohl auf der kirchlichen, sozialen, wirtschaftlichen und persönlichen Ebene. Hier ist es Aufgabe Metaphorischer Theologie, die Hegomonie religiöser Modelle zu brechen, damit neue, befreiende Formen möglich werden. Und dieser Prozeß

---

[20] Vgl. Rosemary R. Ruether, Sexismus und die Rede von Gott. Schritte zu einer anderen Theologie, Gütersloh 1985, S.157.
[21] Vgl. Paul Ricoeur, Hermeneutik, S.54.
[22] "The simplest way to define a model is as a dominant metaphor, a metaphor with staying power."
"Die einfachste Art und Weise ein Modell zu definieren ist jenes als einer dominaten Metapher mit bleibender Kraft."
Sallie McFague, Metaphorical Theology, S.23.
[23] Eine Vielzahl von Arbeiten könnte an dieser Stelle aufgeführt werden, ich möchte aber nur zwei grundlegende Werke anführen: Mary Daly, Jenseits von Gottvater Sohn & Co, München 1986; Rosemary R. Ruether, Sexismus und die Rede von Gott. Schritte zu einer anderen Theologie, Gütersloh 1985.

kann dann in Gang gesetzt werden, wenn die AußenseiterInnen, die Stimmlosen (Frauen, Schwarze, Menschen der sogenannten Dritten Welt) ihre Metaphern finden und an ihnen ihre Theologie entwickeln. Natürlich ist ein solcher Prozeß immer Anfrage und Kritik an die hierarchischen, patriarchalen Strukturen in der Theologie, aber wenn die christliche Religion eine universale Religion sein soll und nicht nur die des weißen Bürgertums und Mannes, dann sind die Stimmen der Frauen, Schwarzen,... legitim, gefordert und notwendig.

2.7. Resümee

Dieses Kapitel abschließend möchte ich noch einmal kurz die herausragenden Merkmale und Anliegen Metaphorischer Theologie skizzieren:
Fundament Metaphorischer Theologie sind die Bibel und im besonderen die Gleichnisreden Jesu und die Person Jesu. Dieses Hauptaugenmerk findet darin seine Begründung, daß die Reden und die Person Jesu gewöhnliche Menschen ansprechen, sie sind säkular, voll kritischem Bewußtsein und revolutionärem Potential und vor allem aber ermöglichen sie es Standpunkte zu vertreten. Sie setzen Prozesse in Gang. Metaphorische Theologie greift die Inhalte der Botschaft Jesu auf und versucht den jeweiligen Kontext ernst zu nehmen, in Sprache und Bilder der Menschen von Gott und der Beziehung zu Mensch und Welt zu sprechen. Hierbei ist es ein besonderes Anliegen, die Pluralität zu wahren, welche Produkt der perspektivischen Betrachtung und Reflexion der einzelnen Erfahrungen mit Gott, den Menschen und der Welt ist. Dies versetzt die Menschen in die Lage, aus ihrer Sicht Gott und die Welt zu beschreiben, neue Metaphern für Gott und - darauf aufbauend - neue Theologien, Anthropologien, Ethiken zu entwickeln. Dabei muß die Möglichkeit und Fähigkeit, Bilder zu kritisieren, gewahrt bleiben, denn nur so kann Blasphemie gebannt werden.
Durch die Vielzahl gleichberechtigter Metaphern ist es den Menschen möglich, sich auszudrücken, Gott zu thematisieren. Eine solche Theologie ist immer den Menschen nahe, nimmt sie als Person in ihrem jeweiligen Kontext ernst. Die Vielzahl der Möglichkeiten, Gott auszudrücken bedeutet zugleich, sich auf einen Prozeß einzulassen. Die Vorstellungen ändern sich mit den Menschen und ihren Umständen, wachsen, besitzen Aktualität. Festhalten an alten Metaphern, die ihre erschließende Kraft verloren haben, gibt es dann nicht mehr.

Aus diesem Grund ist die Metaphorische Theologie eine dynamische und kreative Theologie, die sichert, daß von Gott als Gott gesprochen werden kann. Sie besteht auf der Universalität und Pluralität Gottes, macht sich nicht nur ein Bild von Gott und legt sich nicht darauf fest. Metaphorische Theologie nimmt die vielen Offenbarungsmöglichkeiten Gottes ernst, mit dem Wissen, daß jede Perspektive des Menschen zwar begrenzt, aber doch begründet ist. Hiermit leistet Metaphorische Theologie einen wesentlichen Beitrag zur Befreiung von Menschen, nämlich jener Menschen, die bislang keine Möglichkeit des Ausdrucks hatten. In der Metaphorischen Theologie sind sie nun aufgerufen, ihre Berufung darin zu sehen, aus ihrer Perspektive heraus von Gott als Gott zu sprechen.

Kapitel 3

Auseinandersetzung mit dem christlichen "Vatergott" aus der Sicht von Frauen

> "Unsere Tradition ist patriarchalisch. Die Kirche sexistisch. Wenn wir nach Wegen suchen, dies zu rechtfertigen; wenn wir es übertünchen und vorgeben, die sexistischen Lehrsätze bedeuteten nicht wirklich, was sie sagen, oder es sei wirklich nicht so schlimm, wie es scheint; wenn wir vorgeben, sexistische Aussagen seien niemals dazu gedacht gewesen, die Frauen zu verunglimpfen, dann täuschen wir uns selbst und schieben den Prozeß des Wandels und der Veränderung hinaus."[1]

Unsere Gutgläubigkeit, unsere Geduld wird uns Frauen zum Verhängnis werden. Denn eigentlich sollten wir schon festgestellt haben, daß unsere Geduld die Macht der Männer ist. Wir können "nicht so tun, als solle "Gott, der Vater" nicht wirklich bedeuten, daß Gott ein Vater ist".[2] Wenn wir nicht länger in theologischer Doppelzüngigkeit sprechen wollen, müssen wir aus unserem Verantwortungsbewußtsein heraus an den dogmatischen Grundfesten rütteln, den Bildersturz vorantreiben, die Grenzen des Glaubens und der Theologie ausdehnen und die christliche Sprache auf ihren Sinn und ihre Bedeutung hin untersuchen und hinterfragen. Wenn wir so die patriarchalen[3] Bedingungen unseres religiösen und kulturellen Erbes erkannt haben, müssen wir uns im zweiten Schritt für die Neuschaffung befreiender religiöser und kultureller Bilder und Werte einsetzen. In der Kirchengeschichte hat man(n) das Bild vom "Vatergott" monopolisiert und ideologisiert. Das "Vatergottbild" duldet keine anderen Bilder neben sich. Es ist ebenso patriarchal und hierarchisch ausgerichtet wie jene, die daran immer noch festhalten und die es propagieren.

> "The symbolic image, *God as Father*, has served to legitimate male dominance as desired and innate to the human situation ... It has defined women out of male perspectives and created institutions in which we have no power. Its pro-

---

[1] Carter Heyward, Und sie rührte sein Kleid an, Stuttgart 1986, S.110.
[2] dies., a.a.O., S.110.
[3] "Unter Patriarchat verstehen wir nicht nur die Unterlegenheit der Frauen gegenüber Männern, sondern die Struktur der vaterbestimmten Gesellschaft: Adel über Leibeigenen, Herren über Knechten, König über Untertanen, rassische Übermenschen über Kolonialvölker. Religionen, die die hierarchische Klassenbildung fördern, benutzen Gott als oberste Instanz dieses Privilegien- und Herrschaftssystems."
Definition von Patriarchat nach Rosemary R. Ruether, in: Sexismus und die Rede von Gott, S.82.

jected images of women conform to male desires and provide the model for keeping minorities powerless."[4]

Dies ist ein Indiz für den interaktiven Charakter zwischen "Modell" und "Modellgestalter". "Patriarchat heißt Herrschaft der Väter"[5] und wie angeblich der Vater im Himmel über die Erde herrscht, so herrschen auf Erden seine männlichen Vertreter. Denn wie gesagt bedeuteten patriarchale Muster die Herrschaft der Männer: Männer über Frauen, Ehemänner über Ehefrauen und Kinder. Männer betrachten Frauen und Kinder oftmals als ihr Eigentum, so tragen Frauen und Kinder in der Regel die Namen der Ehemänner und Väter; ihnen wird ein Teil der männlichen Identität aufgedrückt, die eigene wird ihnen genommen.

Ebenso verhält es sich mit den patriarchalen Mustern in der christlichen Rede von Gott. Auswirkungen dieser Rede sind unterdrückende Machtverhältnisse: Gott als Vater herrscht über die Welt; geweihte Männer regieren in der Kirche, Priester herrschen über Laien, Männer über Frauen, Menschen über die Schöpfung. In dieser Aufzählung wird schon deutlich, daß die patriarchalen Strukturen sowohl die privaten wie auch die politischen Beziehungen von Menschen prägen und bestimmen, von der Familie bis hin zum Verhältnis von Staaten. "Supermänner" herrschen über Frauen, Supermächte über kleinere und wirtschaftlich unbedeutendere und abhängige Staaten. Gemeinsam ist all diesen Beziehungen, daß sie von Paternalismus, Kolonialismus, Imperialismus und Elitedenken gekennzeichnet sind. Wesentliches Element der Herrschaft der Männer über Frauen und Schöpfung ist jedoch der Androzentrismus. Androzentrismus bedeutet, daß der Mann im Mittelpunkt steht. Charakteristisch für diese Anschauung der Welt ist, daß der Mann der Hüter der Tugend, Wahrheit und Macht ist, im Gegensatz zu den Frauen, die als minderwertig, gefährlich, verführerisch, schwächlich, fehlerhaft eingestuft werden. Frauen sind die infioren Anderen. Und gerade diese Sichtweise finden wir auch in einem patriarchal ausgerichteten Christentum. Deswegen müssen die Theologien eines patriarchal geprägten Christentums von Feministinnen als das entlarvt werden was sie sind: Ideologien des Partriarchats.

---

[4] "Die Vorstellung, *Gott als Vater*, diente dazu, männliche Dominanz als gewünscht zu legitimieren. ... Frauen wurden aus der männlichen Perspektive heraus definiert und es wurden Institutionen geschaffen, in denen Frauen keine Macht haben. Es wurden Bilder von Frauen konform der männlichen Wünsche geschaffen und ein Modell wurde unterstützt, daß die Minderheiten in Ohnmacht hält."
Nelle Morton, The Journey Is Home, S.142.
[5] Anne E. Carr, Frauen verändern die Kirche, S.171.

Metaphern von Gott als Freundin, Geliebte etc., die die alten Ausdrucksweisen erweitern und relativieren würden, um die Beziehung zwischen Gott, Mensch und Welt vielfältiger auszudrücken, wurden bislang nicht oder nur teilweise zugelassen, finden aber in der von "Gottvater" keinen gleichbedeutenden Ausdruck. Und wenn neue Bilder für Gott, dann meist nur in dem Sinne, daß Gott einige feminine Eigenschaften, wie die der Mutter, zugesprochen werden. Meines Erachtens nach ist aber auch die Metapher von Gott als Mutter zu kritisieren und dies nicht nur, weil ich der Ansicht bin, daß hier Gott nur eine untergeordnete weibliche Seite zugesprochen werden soll und so zu einem Alibi der Offenheit verkommt. Weitere wichtige Einwände sind zu bedenken: Hinter der Propagierung des Mutterbildes verbirgt sich das Interesse der patriarchalen Gesellschaften, Frauen auf ihre Mutterrolle zu fixieren.

> "Die höchste aller Frauentypen ist die Mutter. Die Mutter stellt die reine Liebe dar, die keinen Tauschhandel, keine Selbstsucht, keinen persönlichen Gewinn kennt. Mutterliebe stirbt nie, und die Beziehung zwischen einer Mutter und einem Kind ist die zärtlichste aller menschlichen Beziehungen."[6]

Anscheinend wird von den Verkündern dieser "Wahrheiten" vergessen, daß Frauen nicht als Mütter geboren werden, sondern daß sie durch Erziehung und Nachahmung zu Müttern werden. Das Patriarchat macht Frauen glauben, daß sie biologisch dazu programmiert sind, die Eigenschaften einer Mutter zu besitzen.

Mit diesen Aussagen will ich nicht die Leistungen und Mühen von Frauen, die Mütter sind, schmälern, die Kinder zur Welt bringen, sie ernähren und beschützen, dafür Sorge tragen, daß sie aufwachsen können. Vielmehr spreche ich mich hier gegen eine Ideologisierung der Mutterschaft von Seiten der Vertreter des Patriarchats aus. Zumal ein Sprechen von Gott als Mutter die Rolle der Mutter negativ stärkt, eine Rolle, die Frauen vermutlich schon seit Jahrhunderten tyrannisiert. Eine Rolle, an der Frauen auch leiden. Zum anderen wird diese Metapher, schon weil in der Regel wie ein Anhängsel benutzt, nie die Fülle der Transzendenz verkörpern, wie es scheinbar das Bild von Gott als Vater tut. So sagt z.B. John L. McKenzie SJ in aller Schlichtheit und Deutlichkeit:

> "Gott ist natürlich männlich..."[7]

---

[6] Ursula King, Das Göttliche als Mutter, in: Concilium 25 (1989), S.542.
[7] John L. McKenzie, The Two Edged Sword, New York, 1956, S.93f.

An diesem Punkt setzt nun die Kritik und das Bemühen einer Metaphorischen Theologie aus Feministischer Perspektive an. Ihr Anliegen ist es, sich auf die Wirklichkeit zu beziehen, Erfahrungen von Frauen ernst zu nehmen und theologisch zu deuten. In diesem Deutungsprozeß versucht sie, die Botschaft von der Befreiung und dem "well-being-of-all-life" in einer Sprache und in Bildern auszudrücken, die Relevanz für die Frauen (und Männer) in heutiger Zeit haben. Sie geht davon aus, daß der Aussagewert religiöser Metaphern sich nur in den menschlichen Erfahrungen herausstellt, die nicht von ihrem Ort zu trennen sind. D.h. der Ort, an dem so Theologie entsteht, ist weder beliebig noch bedeutungslos. Religiöse Metaphern müssen unsere Erfahrungen in der Welt erhellen. Vermögen sie dies nicht zu leisten, so sind sie bedeutungslos. Gute Metaphern sind erhellend und hilfreich, weil sie einen neuen verändernden Bezug zur Wirklichkeit haben. Sie sind in je eigener Weise eine "rediscription"[8] der Wirklichkeit, eine Interpretation der Wirklichkeit. Wären sie dies nicht, Interpretation der Wirklichkeit, verlören sie ihren Sinn.

Frauen, aber auch Schwarze oder Menschen in der sogenannten Dritten Welt, steht mit den Forderungen der Metaphorischen Theologie ein Weg offen, ihre Erfahrungen adäquat und authentisch zu beschreiben und zu deuten; dies ist im Sinne einer Theologie, die patriarchal, rassistisch und sexistisch ist, nicht möglich, es ist nicht einmal vorgesehen.

In ihrem Bemühen um eine befreiende und authentische Theologie ist die Metaphorische Theologie zusammenfassend wie folgt zu charakterisieren. Sie ist: prozeßhaft, bilderstürmend, säkular und revolutionär.

Und sie stellt die Forderungen nach:

1) einer Vielzahl von Metaphern, um den Reichtum und die Vielfalt der Beziehung zwischen Gott, Mensch und Welt auszudrücken.
2) und sie klagt die Fähigkeit ein, alte, "bewährte" Metaphern und Modelle in der Theologie als überholt zu betrachten und nach neuen Metaphern zu suchen.

Mit diesen Merkmalen ist die Versicherung gegeben, daß Frauen nicht mehr in sinnleeren und bedeutungslosen Bildern ersticken müssen. Denn die Vorstellungen von der Beziehung zwischen Gott, Mensch und Welt werden also veränderbar und geschichtlich ausgedrückt, und somit ist der Weg für eine befreiende Theologie geebnet.

---

[8] Sallie Mc Fague, Metaphorical Theology, S.142.

3.1. Der Gottesbegriff Jesu - Sinn und Bedeutung eines Affronts gegen patriarchale Strukturen

Oftmals wird gegen Kritik an einen männlichen Gott, der Vater ist, mit dem Einwand argumentiert, daß Jesus selbst von Gottvater sprach, sich in der Situation der äußersten Not, an ihn wandte.

καὶ ἔλεγεν, Αββα ὁ πατήρ, πάντα δυνατά σοι· παρένεγκε τὸ ποτήριον τοῦτο ἀπ' ἐμοῦ· ἀλλ' οὐ τί ἐγὼ θέλω ἀλλὰ τί σύ.

Mk 14,36

Am griechischen Text läßt sich die Benennung Gottes als "Abba" noch deutlich nachweisen, wohingegen wir im deutschen Text nur noch die Übersetzung mit "Vater" lesen. Dies hat zur Folge, daß wir die "Abbaanrede" oftmals vergessen. Dabei beinhaltet der Begriff "Abba" wichtige Implikationen. "Abba" ist ein Wort, das Geborgenheit, Liebe, Nähe, Intimität ausdrückt. "Abba" ist ein Wort, das die Vertrautheit zwischen Gott und Jesus wiedergibt. "Abba" ist demnach eine Definition von guter und gerechter Beziehung[9], die getragen wird von der gemeinsamen Vision. Der Vision vom Reich Gottes, wie Jesus sie in seiner Verkündigung nannte. Meiner Meinung nach gehören beide, Anrede und Vision, zusammen, sie beinhalten den integralen Gottesbegriff Jesu. Jesus erlebte Gott als jemanden der Nähe, der Vertrautheit und benutzte für die Benennung der Beziehung die Metapher "Abba". Und dieser "Abba" Jesu unterscheidet sich sehr wohl von dem allgemeinen Vaterbild der damaligen Zeit. Der Vater war Patriarch der Familie. Frau, Kinder und SklavInnen sind diejenigen, denen Gehorsam und Dienst abverlangt wird, sie werden beherrscht, sind Eigentum des Patriarchen. Dieses Eigentumsverhältnis ist schon im Dekalog (Ex 20,1-21) zu finden. Jesus spricht aber von einem ganz anderen "Vater", von einem, der in einem scharfen Widerspruch steht zu dem Verständnis von Vaterschaft im damaligen Kontext. Aber nicht nur die Anrede bildet einen Kontrast, auch die damit verbundene Botschaft, nämlich die, daß Beziehung Befreiung sein kann. Dies ist meiner Meinung nach die Kernaussage der Anrede Jesu, in der er von Gott als "Abba" spricht. Was in den

---

[9] Vgl. Carter Heyward, Und sie rührte sein Kleid an.

vorausgegangenen Zeilen von Anrede und Verhältnis Jesu zu Gott galt, wird bei Paulus im Brief an die Römer auf die gesamte Gemeinschaft der Gläubigen übertragen.

> "Denn ihr habt nicht den Geist empfangen, der euch zu Sklaven macht, so daß ihr euch immer noch fürchten müßtet, sondern ihr habt den Geist empfangen, der euch zu Söhnen macht, den Geist, in dem wir rufen: Abba, Vater! So bezeugt der Geist selber, daß wir Kinder Gottes sind." Röm 8,15f

Dieses Zitat belegt den Beziehungscharakter der Gläubigen zu Gott und Gottes zu den Gläubigen. Auch hier birgt die Anrede Gottes als "Abba" ein neues Beziehungsverhältnis. Niemand muß sich mehr fürchten, niemand ist mehr Sklavin/Sklave und somit der Unterdrückung ausgesetzt. Beziehung mit Gott bedeutet vielmehr Befreiung.

In der "Abbaanrede" drückt Jesus seine Erfahrung mit Gott aus, er sprach so von Gott als Gott. Doch im Laufe der geschichtlichen Entwicklung ging der integrale Gottesbegriff verloren, indem Männer ihn eindeutig für sich nutzten, indem sie seine Bedeutung veränderten. So fällt es im NT auf, daß die "Abbaanrede" nur bei Markus und Paulus zu finden ist, die ja zugleich auch die beiden ältesten Überlieferungen sind. Alle nachfolgenden Evangelien und Pastoralbriefe sprechen nicht mehr von Gott als "Abba", sondern nur noch von "Vater".

Durch ihre Interpretation und Fixierung auf die Metapher von Gott als "Vater" wurde die Beziehung Jesu und Gott als "Abba" pervertiert. Jesus verstand diese Beziehung und ebenso die Gemeinden des Paulus als Gegensatz zu den hierarchischen Strukturen. Beziehung sollte ermöglicht und eröffnet werden. Die urprüngliche Metaphorik ging verloren. Indem dies geschah, hat das Patriarchat den Gottesbegriff zerstört und den Vaterberiff zersetzt. Rosemary R. Ruether drückt diesen Prozeß wie folgt aus:

> "Die revolutionäre Bedeutung von *Abba* für Gott ist in der Übersetzung und Interpretation verlorengegangen. Statt dessen gibt es eine Unmenge neuer geistlicher und weltlicher "heiliger Väter", die die Vaterschaft und die Königswürde Gottes als Begründung für ihre Macht über andere in Anspruch nehmen. Um die von den Propheten gemeinten sozialen Verhältnisse zu bewahren, müssen wir nach einer neuen Sprache suchen, die nicht so leicht beliebig von verschiedenen Herrschaftssystemen eingesetzt werden kann."[10]

---

[10] Rosemary R. Ruether, Sexismus und die Rede von Gott, S.87.

3.2. Der Vatergott - oder die Rede von patriarchaler Herrschaft

Für Jesus war die Anrede Gottes als "Abba" eine Metapher für die Beschreibung einer Erfahrung, seiner Beziehung zu Gott. Aber im Laufe der Geschichte machten sich die Herren Kleriker diese Metapher zu eigen, ja sie beschränkten sich fast ausschließlich auf sie und bauten ihre Gedankengebäude darauf auf. Es ging dabei nicht mehr um die Darstellung einer persönlichen, intimen Beziehung, sondern einzig und allein um die Betonung der "Männlichkeit" Gottes. Dieser Vorgang hatte die männliche Prägung des Gottesbildes zur Folge. Auch wenn von Seiten der christlichen Kirche immer wieder verlautet, ".. daß Gott Geschlecht und Rasse transzendiert, zeigt die theologische Rede von Gott als Vater und Sohn an, daß Mannsein und nicht Frausein die göttliche Wirklichkeit repräsentiert und umfaßt."[11] Die Rede davon, daß Gott Geschlecht und Rasse tranzendiert, obgleich die theologische Rede in ihrer Konsequenz nahelegt, daß Gott männlich und weiß ist, zeigt vielmehr, daß theologische Rede oftmals mit theologischer Doppelzüngigkeit gleichzusetzen ist. Und diese Doppelzüngigkeit trifft gerade jene, die die Marginalisierten sind. Immer wieder fixiert(e) man(n) sich auf einseitig männlich geprägte Bilder und Vorstellungen: Gott als Herrscher, König, Richter, Vater... Wir sehen, daß das anthromorphe Sprechen von Gott im Grunde ein andromorphes Sprechen ist, da in der Religionsgeschichte die Bilder und Analogien hauptsächlich dem männlichen Erfahrungs- und Geltungsbereich entnommen sind. D.h., daß Gott vorwiegend in männlichen Metaphern beschrieben wurde, und dies hat bis heute zur Folge, daß Männer sich gottähnliche Attribute zuschreiben, nur sich und ihr Geschlecht als die wahren Vertreter Gottes auf Erden verstehen.

> "Sie haben Gott mit allen Attributen versehen, die sie selbst als die höchsten betrachteten, haben in ihrem Gottesbild ihre Männlichkeit sublimiert."[12]

Aus diesem Zitat geht mit Deutlichkeit hervor, daß Gott nicht nur männlich gedacht wurde (und er wird es heute noch), sondern daß auch die Seinseigenschaften Gottes, oder das, was man(n) Gott zusprach und zuspricht, patriarchale Herrschaftselemente widerspiegeln. Verstärkend wirken da noch

---

[11] Elisabeth Schüssler-Fiorenza, Für eine befreite und befreiende Theologie, in: Concilium 14 (1978), S.287-294.
[12] Catharina Halkes, Über feministische Theologie zu einem neuen Menschenbild, in: epd-Dokumentation 25, S.17.

Attributszuschreibungen wie die der Allmacht, Allwissenheit... Dorothee Sölle stellte in diesem Zusammenhang einmal folgende Frage:

> "Warum verehren Menschen einen Gott, dessen Hauptqualität Macht ist, dessen Interesse es ist, andere zu unterwerfen, dessen Angst es ist, daß andere gleichberechtigt sein könnten und etwa werden könnten wie Er, ein Wesen, das mit Herr angeredet wird, oder dem Macht allein nicht genug ist, seine Theologen müssen ihm sogar Omnipotenz bescheinigen?"[13]

Aber es ist doch wohl eher so, und die Frage von Dorothee Sölle wäre meines Erachtens auch in diese Richtung zu beantworten, daß die Rede von der Omnipotenz Gottes eine phallokratische Phantasie ist. Sie erzählt demnach mehr über die Männer, die diesen und ähnliche Ausdrücke gebrauchen, als über Gott selber.

Solche Rede ist im doppelten Sinne zwanghaft, weil sie - als Tatsache verstanden - zu einem Gefängnis für Gott wird und zu einem Pflichtmodell für jede/jeden Christin/Christen. Andere Metaphern von Gott werden zurückgedrängt, und dies bedeutet für Frauen, daß Frauenerfahrungen eliminiert werden und jede Identifikation mit dem Göttlichen eigentlich ausgeschlossen wird. Neben diesen biologischen Identifikationen werden aber auch noch weitere Assoziationen durch Gott als Vater hervorgebracht. Mit einer Gottvatervorstellung verbindet sich oftmals auch die Pflicht zu Gehorsam. Derartige Pflichtmodelle und Pflichtvorstellungen prägen auch heute noch Mädchen und Frauen mit "gutkatholischer" Sozialisation. Viele internalisieren ein Abhängigkeits- und Hörigkeitsverhältnis zu Gott und Männern.[14] Beschreibungen von einem Gott der Güte und Barmherzigkeit können die Gefühle der Angst und Ohnmacht nicht zwangsläufig relativieren. Vielmehr ist es so, daß "männlicher Monotheismus"[15] die Sozialstruktur patriarchal und hierarchisch prägt. Gott wird nach den Mustern der Herren geformt, richtet sich nach ihren religiösen Vorstellungen aus. Die Männer betrachten sich als Gottes Stellvertreter auf Erden und unterliegen dem Trugschluß, das "wenn Gott männlich ist, das Männliche Gott ist."[16] Und "wenn Gott in "seinem" Himmel Vater ist, der über "sein" Volk herrscht, dann liegt es in der "Natur" der Dinge, entspricht es dem göttlichen Plan und der kosmischen Ordnung, wenn die Gesellschaft männlich beherrscht ist."[17] In solch einem Gedankengang, der in den Köpfen

---

[13] Dorothee Sölle, Gott und ihre Freunde, S.205.
[14] Vgl. Margit Erni, Das Vaterbild der Tochter, Einsiedeln 1972.
[15] Rosemary R. Ruether, Sexismus und die Rede von Gott, S.73.
[16] Mary Daly, Jenseits von Gottvater Sohn & Co, S.27.
[17] dies., a.a.O.

so mancher steckt, werden Rollen mystifiziert: Männer werden als "Seine" Stellvertreter auf Erden angesehen und Frauen, ganz nach "Seinem" Willen in abhängige und dienende Positionen gedrängt. D.h. nun konkret, daß die Begriffssysteme von Kirche und Gesellschaft unter den Voraussetzungen des Patriarchats entwickelt wurden, sie sind Produkte der Männer und dienen den Herrschaftsinteressen der sexitischen Gesellschaft, die die Unterdrückung der Frau zur Folge haben. So beinhalten patriarchale Gottesbilder oftmals qualvolle Erinnerungen an eigene Leidenserfahrungen mit Vätern, Ehemännern, Brüdern. Der Konflikt eines Mädchens, daß während des Gottesdienstes im "Vater unser" spricht:"Vater, Dein Wille geschehe" und nach dem Gottesdienst vom eigenen Vater sexuell mißbraucht wird, ist kaum vorstellbar.[18] Die Tatsache solcher Vorkommnisse ist ein Grund dafür, das Gottvaterbild innerhalb des Patriarchats abzulehnen. Die negativen Erfahrungen von Frauen und Mädchen nehmen diesen die Lust, Kraft und Macht am eigenen Sein, ihre Lebenskraft wird erstickt, sie werden verunsichert und Schuldgefühle werden hervorgebracht und verstärkt. Der Glaube an den Vatergott bedeutet für Frauen die Eingrenzung ihres Glaubens und ihrer Persönlichkeit. Zumal eine Vorstellung von Gott als Vater (und dies gilt auch für die Vorstellung von Gott als Mutter) einen Menschen kaum aus der Unmündigkeit entläßt. Die Struktur der Dinge sieht vor, daß die Gläubigen ein Leben lang Kinder bleiben. Vor diesem Hintergrund stellt sich für mich schon die Frage, ob die Verkündigung eines Vatergottes überhaupt noch befreiende Inhalte vermitteln kann. Für mich scheint es im Patriarchat unmöglich, von Gott als Vater befreiend zu sprechen. Von den männlichen Denkern wurde der Fehler gemacht, und somit sind sie die Verfälscher, ihr Hauptaugenmerk auf Gott als den Vater zu richten und nicht auf den Inhalt seiner Botschaft. Denn Kernstück des Christentums ist die Botschaft vom Reich Gottes und *nicht* der Glaube an Gott als Vater. Die Beschränkung auf diese Metapher ist nicht anderes als ein Propagandastück in der Ideologie des Patriarchats. Daraus wird deutlich, daß der Vatergott und seine Vertreter auf Erden immer mit der Hauptrolle versehen werden und zugleich werden Frauen auf sekundäre Rollen festgelegt. Dieser Dualismus besagt nichts anderes, als männliche Überlegenheit im Gegensatz zur weiblichen Unterlegenheit. Solch ein Gottesbild unterdrückt Frauen und kann deswegen nicht mehr länger toleriert werden, es muß bekämpft werden!

---

[18] Annie Imbes/Ineke Jonker, Godsdienst en incest, Amersfort 1985.

In der Botschaft Jesu ist die Befreiung, die Umkehrung aller Werte das neue Paradigma. Menschliche Befreiung und die Befreiung Gottes aus den Vorstellungswelten, vor allem denen der Männer, wird angestrebt. Dieser Prozeß beinhaltet eine neue Beziehung zwischen Gott, Mensch und Welt. Befreiung, wie Jesus sie verkündete, war und ist eine Kampfansage an die konventionellen Formen unterdrückerischer Macht. Er bringt den Unterdrückten die Befreiung (vgl. Lk 4,16-21). Weil dem so ist, kann in der Rede von Gott als dem Vater, wie er von vielen gesehen wird, nicht von Gott als Gott gesprochen werden. Es entbehrt ihr mit ihren patriarchalen Gedankengängen und Auswüchsen jedes authentisch biblischen Fundaments; und kann von daher weder Zuspruch fordern noch erwarten.

3.3. Das Gottesbild - ein Götzenbild

In der biblischen Tradition gibt es das Verbot des Götzendienstes:

> "Du sollst dir kein Gottesbild machen und keine Darstellung von irgend etwas am Himmel droben, auf der Erde unten oder im Wasser unter der Erde. Du sollst dich nicht vor anderen Göttern niederwerfen und dich nicht verpflichten, ihnen zu dienen." (Ex 20,4-5a)

Das Volk Gottes soll sich kein Bild von Gott machen, weder bildliche noch sprachliche Darstellung ist erlaubt. Betrachtet man dagegen die christliche Religionsgeschichte, so findet man eine Vielzahl von Darstellungen Gottes, aber in einem Punkt gleichen sie sich fast alle: Gott sieht darin so aus, als ob er nur zur patriarchalen Führungsschicht[19] gehört.

> "Diese Darstellung Gottes sollte als das verurteilt werden, was es ist, als Götzendienst, als die Herausstellung gewisser Menschen als Ebenbild und Stellvertreter Gottes. So, wie das politische und geistliche Patriarchat die ungerechten, unterdrückerischen Verhältnisse verkörpert, so dienen diese Gottesdarstellungen dazu, das Böse zu sanktionieren."[20]

Dieser männliche Gott, der uns als Vatergott verkündet wird, ist nicht Gott, sondern Götze. Er ist Produkt der männlichen Phantasie und dient der Legitimation der Unterdrückung. Somit muß "das Verbot des Götzendienstes auch für sprachliche Darstellungen gelten. Nimmt man das Wort "Vater" wörtlich, bedeutet es, daß Gott männlich und nicht weiblich ist und von Männern und

---

[19] Vgl. Rosemary R. Ruether, Sexismus und die Rede von Gott, S.87.
[20] dies., a.a.O.

nicht von Frauen repräsentiert wird, es ist also ein Götzenbild."[21] Die Interessen einer herrschenden Schicht werden mit dem Namen Gottes verbunden und dieser Vorgang muß als Götzendienst beschrieben und bezeichnet werden. Gott wird zum Götzen gemacht. Dieser Götzengott wirkt wie das System, für das er steht, zerstörerisch und unterdrückerisch. Dieser Götzengott ist kein Befreier, sondern ein Tyrann. Wieviele diesem Götzen folgen, zeigt sich z.b. dann, wenn es um die Rolle der Frau geht. Wenn zu hören ist, sie hätte sich unterzuordnen, was gemäß dem göttlichen Willen wäre. Diese Ideologie ist seit Jahrhunderten verbreitet, Spuren davon lassen sich auch bei "neueren" Theologen nachweisen, die noch immer zu wissen glauben, worin die eigentliche Berufung der Frau liegt.[22] So predigen die Vertreter des Götzengottes im Grunde nur die Ideologie des Patriarchats. Und in diesem Zusammenhang verkünden sie Herrschaft und Unterdrückung und nicht gerechte Beziehung und Befreiung. Weil sie die Beziehungslosigkeit predigen, ihr huldigen, fällt ihnen die Zerstörung leicht. Denn der Vatergott als Götze wirkt zerstörerisch. Er wirkt destruktiv auf Frauen und auf die gesamte Schöpfung. Den Anhängern dieses Götzen dient alles zur Unterwerfung und zur Beherrschung. Nichts ist ihnen heilig. Nichts ist vor ihrer Ausbeutung sicher. Durch die Ideologie der Beziehungslosigkeit ist jede Sensibilität für Leben verloren gegangen.

Was wir brauchen, ist die Abkehr von diesem Götzengott, wenn wir uns und die Schöpfung retten wollen. Wir brauchen neue Bilder, die neue Qualitäten in der Beziehung von Gott, Mensch und Welt ausdrücken. Diese neuen religiösen Metaphern sind keine Festschreibungen, sondern der Versuch, Beziehung auszudrücken. Diese neuen Vorstellungen sollen dem Leben derer entnommen werden, die bislang keine Möglichkeit zum Ausdruck hatten. Meiner Meinung nach ist nur so ein authentisches Sprechen von Gott als Gott möglich. Wenn die Vorstellung von Gott als Vater eingeschränkt wird und zugleich neue Metaphern für die Beschreibung der Beziehung zwischen Gott, Mensch und Welt eingeführt werden, dann kann Idolatrie gebannt werden. Dann ist es den Menschen möglich, aus ihrer Perspektive von Gott als Gott zu sprechen.

---

[21] dies., a.a.O.
[22] Vgl. Karl Barth, Kirchliche Dogmatik, Zollikon, Zürich 1951, II/4, S.163-260.

Kapitel 4

Freundinnenschaft- eine Philosophie der Zuneigung

Ein sinnvolles und bedeutsames Sprechen von Gott als Gott hat immer Bezug zur eigenen Lebensgeschichte und zu der anderer Menschen. Wo dieser fehlt, ist das Sprechen von Gott inkompetent und falsch.[1] Weil dem so ist, folgt in diesem Kapitel eine Beschreibung und Analyse von Freundinnenschaft. Dieses ist erforderlich, um den lebensgeschichtlichen Bezug von Frauen sichtbar werden zu lassen. Freundinnenschaft ist ein Lebensentwurf von Frauen, und seine religiöse Bedeutung soll erarbeitet werden.

Dies ist ein Kapitel über das Miteinander von Frauen. Frauen, die zusammen sind, sind nicht allein. Aber in einer Gesellschaft, die am Mann orientiert ist, werden Frauen, die in Begleitung von Frauen sind, als "allein" wahrgenommen.

> "Ich habe tatsächlich erlebt, wie ein Mann auf vier Frauen, die in einer Bar saßen, zuging und sagte:
> He, was macht ihr denn hier so ganz allein?"[2]

Ein Beispiel, das deutlich macht, daß Frauen, die nicht in der Gesellschaft von Männern sind als ohne Begleitung wahrgenommen werden und sich oftmals der Aufdringlichkeit von Männern ausgesetzt sehen.

Eine andere Variante diese Phänomens kommt in der 1984 erschienen Rezension von Douglas Johnson über Simone de Beauvoirs Buch "Zeremonie des Abschieds" an Licht.

> "(Simone de Beauvoir) war der dauerhafte persönliche Faktor in (Sartres) Leben ... ohne sie wäre Sartre ein anderer Mensch gewesen. Doch wäre, wie schon oft gesagt wurde, Sartre dennoch immer Sartre geblieben... Simone de Beauvoir ohne Sartre ist jedoch schwer vorstellbar... Trotz all ihres schriftstellerischen Könnens oder ihres mutigen Eintretens für viele Anliegen ist sie nur in Verbindung mit dem Sartre'schen Universum zu bewerten."[3]

Johnson ist ein Beispiel für die weitverbreitete Auffassung, daß die Arbeit und die Leistungen von Frauen nur in Verbindung mit den Leistungen von Männern gesehen werden. Die Arbeit von Frauen wird als nur abgeleitet von Männern bewertet. Frauen sind aus sich heraus nicht zu Leistungen fähig und

---

[1] Vgl. Elmar Klinger SS 1989.
[2] Lily Tomlin, On Stage, in: Janice Raymond, Frauenfreundschaft: Philosophie der Zuneigung, München 1987, S.9.
[3] Douglas Johnson, Managing the Great Man's Memory, in: Janice Raymond, Frauenfreundschaft, S.10.

wenn, dann sind sie nie den Leistungen von Männern gleichwertig. Und wenn eine Frau mit Autorität zu sich und ihren Leistungen steht, dann wird sie oftmals von Männern mit Attributen wie "Emanze" oder "Mannweib" versehen. Diese Attribute setzen Frauen und die Leistungen von Frauen herab und zeigen zugleich, daß solche Frauen den Männern nicht geheuer sind. Solche Frauen passen nicht in die Realität unserer patriarchalen Gesellschaft, wo die Frau nach wie vor Tugenden wie die der Häuslichkeit, der Freundlichkeit, der Liebenswürdigkeit etc. genüge zu leisten hat. Vor allem aber soll sie sich in ihrem Sein den Männern zu- und unterordnen. Die Bestimmung der Frau ist es, in Bezogenheit zum Mann zu leben.

Neben diesen Ansichten über Frauen und ihre Arbeiten gibt es noch weitere, die zeigen, daß auch die Gemeinschaft von Frauen, ihre Freundinnenschaften in unserer Welt zu einem Wort bar jeglicher Substanz geworden ist. Wie sonst ist es zu erklären, daß heute bereits von Putzmitteln als dem besten Freund der Frau gesprochen wird? Wie mir scheint, ist dies ein deutliches Beispiel für die Tendenz der Entpersönlichung und Entpolitisierung eines Wortes und dessen Inhalt. Ein Beispiel dafür, wie dem Wort jede persönliche und politische Macht genommen wird.

Aber es gibt auch eine andere Sichtweise, eine andere Vision - die Freundinnenschaft. Anliegen dieses Kapitels ist es, den Sinn und die Bedeutung von Freundinnenschaften herauszuarbeiten. Die persönliche und politische Macht, die in der Beziehung zwischen Frauen besteht, ans Licht zu holen. Dies ist ein wichtiger Schritt, denn ich bin der Überzeugung, daß in diesen Beziehungen alles beginnt - Leben und Theologie.

4.1. Wenn ich keine Freundin hätte ...

"Viele Frauen verbringen ihr ganzes Leben mit Warten, Warten nicht nur auf den versprochenen Mann, ...
Warten kann jedoch tödlich sein, denn es führt zur Passivität und entmutigt das Eingehen von Risiken. Letztlich überzeugt es Frauen davon, daß sie für ihre Zukunft nicht verantwortlich sind...
Das Geschenk von Freundinnenschaft ist, daß sie Selbst-Bewegung hervorruft."[4]

---

[4] Janice Raymond, Frauenfreundschaft, S.237.

Frauen, die Freundinnen sind, gestalten ihr Leben und ihre Zukunft. Die Beziehung zu anderen Frauen setzt in ihnen schöpferische Kräfte und Energien frei. Die Freundinnenschaft gibt den Frauen Mut und Lust am Sein als Frau. Freundinnen sind die glücklicheren Frauen, weil sie aus ihren eigenen Bestimmungen leben und nicht nach denen der Männer.
Schon immer hat es Frauen gegeben und wird es Frauen geben, die für andere Frauen da sind. Aber zugleich müssen Frauen lernen, jene zu erkennen, welche ihre Freundinnen sind. Freundinnen, mit denen sie gemeinsame Visionen entwickeln können, die ihnen Mut und Kraft in gegenseitigem Austausch schenken, die ihnen Lust am Frau-Sein vermitteln.
Freundinnenschaft bedeutet zunächst einmal den Zusammenschluß von zwei Frauen. Und wer sie sieht, erahnt sogleich: sie mögen sich. Sie lieben sich. Diese beiden Frauen sind einander die "beste Freundin". Diese Liebe drückt sich bei Freundinnen vor allem in Worten aus, obgleich Körperlichkeit nicht grundsätzlich ausgeschlossen ist. Freundinnen teilen, indem sie sich mitteilen, einen großen Teil des Lebens miteinander. Das starke Band des Erzählens drängt sie dazu, sich oft zu treffen, zu telephonieren, Briefe zu schreiben. Es ist ein inneres Bedürfnis, für das sich eigentlich immer Zeit findet, das Raum ergreift im täglichen Leben. Freundinnen sind einander wichtig. Freundinnen sind einander Heimat. Ihre Beziehung ist der Ort, an dem die Freundinnen sein können wie sie sind. Ein Ort, den sie suchen und immer wieder aufsuchen.

> "Frauen brauchen andere Frauen, um sich ihrer Schönheit, ihrer Gefühle, ihrer Stärken - und ihrer Zukunft zu versichern."[5]

Die Freundinnenschaft ist "die Verkörperung einer Utopie"[6]

> "Wie froh ich bin!" sagte ich zu ihr und küßte ihre Hände.
> "Ich glaube, ich bin mein ganzes Leben lang immer unterwegs gewesen - und jetzt bin ich heimgekommen."
> "Heim kommt man nie", sagte sie freundlich.
> "Aber wo befreundete Wege zusammenlaufen, da sieht die ganze Welt für eine Stunde wie Heimat aus."[7]

Für einige Frauen sind Freundinnenschaften sogar lebenswichtig. Es ist in Studien belegt, daß besonders viele schwer depressive Frauen keine Freundin ha-

---

[5] Michaela Huber/Inge Rehling, Dein ist mein halbes Herz. Was Freundinnen einander bedeuten, Frankfurt a.M. 1989, S.237.
[6] Christa Wolf, Dimension eines Autors, Essays und Aufsätze, Reden und Gespräche 1959-1985, Bd.2, S.547.
[7] Hermann Hesse, Demian, Frankfurt a.M. 1980, S.138.

ben.[8] Und anderen Frauen ist die Freundin wichtiger als die Beziehung zu einem Mann:

> "Wenn ich keine Freundin hätte? O je! Das ist schlimmer, als keinen Liebhaber zu haben oder keinen Mann."[9]

Heißt das denn nun, daß Freundinnen einander Therapeutinnen sind? Oder bedeutet Freundinnenschaft in einer patriarchalen Gesellschaft wie der unsrigen Solidarität der unterdrückten Frauen?

Das Freundinnenschaft mehr ist, belegt Christa Wolf in einem Essay über die Beziehung der Karoline von Günderode zu Lisette Nees. Sie beschreibt darin die Tatsache, daß Freundinnenschaften ein Entwurf von Leben ohne Männer sind, um mehr zu sich selbst zu kommen. Freundinnenschaften sind ein Ausdruck dafür, daß Frauen sich durchaus ohne Männer denken können.[10] Christa Wolf äußert sich in diesem Essay über die Beziehung der beiden Frauen wie folgt:

> "Es ist wohl sonderbar, weil es neu ist: Frauen fühlen sich heftig zueinander hingezogen und widersetzen sich der Anziehung nicht, die keine Vermittlung und Sanktionierung durch Männer braucht - wenn sie auch enge Beziehungen und Liebesverhältnisse mit Männern nicht ausschließt. Diese jungen Frauen haben einander etwas zu geben, was ein Mann ihnen nicht geben könnte, eine andere Art Liebe. Als könnten sie allein miteinander, mehr sie selbst sein; sich ungestörter finden, freier ihr Leben entwerfen - Entwürfe, die denen der Männer nicht gleichen."[11]

Frauen haben einander etwas zu geben, eine andere Art Liebe, die gespeist wird aus ähnlichen Erlebnissen und Erfahrungen, Ängsten und Sehnsüchten. Frauen können so miteinander mehr sie selbst sein. Dies wird besonders deutlich in der Art und Weise des Umgangs miteinander und ihren Inhalten. Ein ganz wichtiger Aspekt der Freundinnenschaft besteht im gemeinsamen Gespräch. Es gibt so gut wie nichts, über das nicht gesprochen wird und werden kann. Alles kann zum Thema werden. In Offenheit sprechen Freundinnen über Ängste und Freuden, Phantasien, Träume, Schwierigkeiten mit (wichtigen) Personen, Moral und Unmoral. In dieser Hinsicht sind Freundinnenschaften "schamlose Beziehungen". Frauen sind ganz sie selbst in Beziehungen und Gesprächen mit Frauen, und die positive Macht einer Beziehung wird in den ihri-

---

[8] Vgl. George W. Brown/Harris Tyrril, Social Origins of Depression. A study of psycharistic disorder in women. London/Tavistock 1978.
[9] Michaela Huber/Inge Rehling, Dein ist mein halbes Herz, S.150.
[10] "Der Mann denkt sich ohne Frau. Sie denkt sich nicht ohne den Mann." Simone de Beauvoir, Das andere Geschlecht. Sitte und Sexus der Frau, Reinbek bei Hamburg 1990, S.11.
[11] Christa Wolf, Die Dimension des Autors, S.540.

gen sichtbar. Mit anderen Worten: Frauen, die miteinander sprechen, sind ernster zu nehmen, als man(n) wahrhaben will. Sie verstehen es, miteinander durch Sprache in Beziehung zu treten. Die Sprache ist die Brücke vom Selbst zur Anderen. Freundinnenschaft wird so zu einer Widerstandsform in Zeiten allgemeiner Sprachlosigkeit und Sprachzerfalls. Frauen sind in ihren Beziehungen zu Frauen "..., auf der Suche nach einer bewohnbaren Sprache in einem bewohnbaren Land."[12] Frauen sind in ihren Beziehungen zu anderen Frauen und mit anderen Frauen unterwegs zu einem "neuen Sein", sie sind unterwegs zu ihrer Menschwerdung. Sie befinden sich auf einer Reise die von ihren Sehnsüchten und Visionen immer wieder neu angetrieben wird. Freundinnenschaft wird so zu einer Metapher für die Reise, die zugleich Heimat ist, für einen Lebensentwurf, der sich der patriarchalen Vergangenheit erinnert, aber patriarchale Zukunft zu verhindern sucht. Freundinnen sind "Vagabundinnen"[13], und ihre Heimat ist kein Ort, sondern eine Bewegung, die von einer Verantwortlichkeit und Zuneigung für Frauen und der Schöpfung geprägt ist.

"..., I came to know home was not a place. Home is a movement, a quality of relationship, a state where people seek to be 'their own', and increasingly resposible for the world."[14]

Freundinnenschaften beweisen, daß der gegenwärtige Zustand der Unterdrükkung von Frauen und Schöpfung durch das Patriarchat nicht endgültig ist, sondern daß echte Alternativen möglich sind, die dort punktuell erfahren werden, wo eben Heimat ist.

4.2. Freundinnenschaft - Verständnis ohne Konsequenzen?

Frauen sprechen miteinander über das, was sie bewegt: sie denken, lachen, weinen macht. Und in all diesen Phasen stehen sie einander bei, ja geben einander konkrete Hilfe und Rat. Mir scheint es an dieser Stelle auch wichtig zu sein, auf einen möglichen negativen Aspekt hinzuweisen. Wie gesagt, Frauen sprechen über alles miteinander, so auch über ihre Partnerschaften. Oftmals

---

[12] Heinrich Böll, Heimat und keine. Schriften und Reden, München 1985, S.49.
[13] Christina Thürmer-Rohr, Vagabundinnen. Feministische Essays, Berlin 1988.
[14] "Ich habe gelernt, daß Heimat kein Ort ist. Heimat ist eine Bewegung, eine Beziehungsqualität, ein Zustand, in dem Menschen auf der Suche nach sich selber sind, eine zunehmende Verantwortung für die Welt."
Nelle Morton, The Journey is Home, Boston 1985, S.19.

geschieht es dann, daß die Freundin den ganzen Frust der Beziehung abbekommt, sie zuerst von den Problemen erfährt, sie die ersten Tränen trocknet. Gefühle wie Enttäuschung, Wut und Zorn werden bei der Freundin zum Ausdruck gebracht und der, den es zunächst einmal angeht, weiß nichts davon. Ich denke die Versuchung, die Probleme erst einmal mit der Freundin zu besprechen, liegt darin, daß die Freundin solche Probleme meist auch kennt. Und so holen sich Freundinnen oftmals die Legitimation für ihre Probleme bei der Freundin. Dies ist in meinen Augen ein Produkt von Beziehungsformen im Patriarchat; Frauen bestätigen sich auch in ihren Problemen bei der Freundin, ohne aber weiter daran zu arbeiten und offensiver zu werden. Es wird also viel zu selten mit der Freundin an einem festen Standpunkt gearbeitet, um mit diesem dann vor den Partner zu treten. Vielmehr wird das Problem besprochen, die erste Wut verpufft. Dies hat zur Folge, daß jene die Wut abbekommt, die gar nichts dafür kann, und die Männer werden geschont. Wenn Freundinnen sich so "helfen", verändern sie wenig, dann nehmen sie ihrer Beziehung die Macht, auf gerechte und befreiende Beziehungen hinzuwirken. Sie werden durch ein solches Verhalten vielmehr zu Unterstützerinnen eines Systems, in dem sie mit ihren Problemen, Wünschen und Hoffnungen Fremde bleiben. Dann bezahlen die Freundinnen einen hohen Preis - die Sprengkraft ihrer Beziehung geht verloren. Aus diesem Grund sollten Freundinnen einander dazu ermutigen, Ärger und Zorn dort abzulassen, wo er entstanden ist. Der Freundin ruhig mal sagen, daß sie ähnliche Probleme kennt, aber nicht die Lösung des Problems ist. Nur in dieser Offenheit können Freundinnen meines Erachtens die Bedeutung ihrer Freundinnenschaft einklagen und leben und sie sich nicht auf Umwegen auch noch von den Männern nehmen lassen.

4.3. "Ein Ganzes werden" ist ihrer beider Bedürfnis[15]

Freundinnen streben (bewußt oder unbewußt) die Ganzheit an. Dies wird aus den Inhalten und den Perspektiven von Freundinnenschaft deutlich. Sehnsucht nach der Ganzheit resultiert nicht aus einem Harmoniebedürfnis, sondern aus der Erfahrung des Abgeschnitten-Seins, des Gespalten-Seins. Einem Sein, daß sich oftmals nach den Wunschvorstellungen der Männer richtet, als daß es sich

---

[15] Christa Wolf, a.a.O., S.544.

auf den Weg zum eigenen Sein begibt. Ein erster Schritt in Richtung Ganzheit ist die Reflexion, die Bewußtwerdung der eigenen Lage.

> "... Wer anders leben will, muß zuerst einmal anders denken und kämpft dabei nicht nur gegen äußere Autorität, sondern gegen sich selbst: gegen das eigene Wissen, Handeln, Reagieren."[16]

Die Möglichkeit der Reflexion fordert ihren Preis. Reflexion kann weh tun. Denn Reflexion bedeutet: Aufgabe von Geborgenheit, Verzicht auf Sicherheit, die die alten Strukturen geben, der Zusammenbruch eines langjährigen Selbstverständnisses, das Bangen um die eigene Identität.

> "..., das neue Sehen ist schmerzvoll, denn es zeigt die eigenen Wundmale und die Leidensgeschichten anderer Frauen, verübt, durch das frauenzerstörende und frauenmordende System des Patriarchates."[17]

Der Prozeß des neuen Sehen kann so beschrieben werden:

> "Es ist nicht "klug" von Frauen, daß alles zu sehen - Sehen bedeutet, das alles sich ändert: Die alten Identifikationen und die alten Sicherheiten brechen zusammen... Dabei handelt es sich um den Mut zu *sehen* und zu *sein* angesichts der namenlosen Ängste, die aufsteigen, wenn eine Frau anfängt hinter die Masken der sexistischen Gesellschaft zu sehen und sich der furchterregenden Tatsache ihrer Entfremdung von ihrem wahren Ich zu stellen."[18]

Für Frauen, die die unterdrückerischen, sexistischen Strukturen erkannt haben, ist nichts mehr so, wie es früher einmal war. Aber mit diesen schmerzlichen Erfahrungen ist eine Hoffnung, eine Vision verbunden: die Rettung aus den Strukturen der Unterdrückung, dem Zustand der Blindheit. Viel zu lang schon beziehen Frauen sich auf Interessen (Partner, Kinder), die (vielleicht) nicht die ihrigen sind. Entweder wird dies nie entdeckt und die Frauen leben den patriarchalen Gesellschaftsnormen entsprechend, oder es gibt ein "böses Erwachen". Für die Frauen, weil ihnen ihre Fehlentscheidungen und ihre Lügen bewußt werden. Und zum anderen kann das Erwachen der Frauen "böse" für die Männer und die patriarchale Gesellschaft werden, weil erwachte Frauen keine "Zuckerpüppchen" sind. Sie nehmen sich als Subjekte ihrer eigenen Geschichte wahr. Sie werden zu unruhigen und ungeduldigen Geistern. Aber letztlich kann dieser Prozeß, der mit der Sehnsucht und Suche nach der Ganzheit beginnt, der Schmerzen und Tränen fordert, nur zu einem positiven End-

---

[16] Cheryl Benard, Die geschlossene Gesellschaft und ihre Rebellen. Die internationale Frauenbewegung und die Schwarze Bewegung in den USA, Frankfurt a.M. 1981, S.25.
[17] Mary Daly, Gyn/Ökologie eine Meta-Ethik des radikalen Feminismus, München 1986, S.46.
[18] Mary Daly, Jenseits von Gottvater Sohn & Co, S.17.

ziel für Frauen und Männer führen, sofern er schonungslos und aufrichtig gegangen wird.
Wie bereits erwähnt, Frauen befinden sich oftmals in einem Zustand der Blindheit, sie müssen das Sehen, die neue Sicht der Dinge erst erlernen. In diesem Lernprozeß sind Freundinnen einander Hilfe, oftmals gibt eine Freundin überhaupt den Anstoß zu diesem neuen Sehen. Freundinnen stehen auch in diesem Punkt einander bei, machen sich gegenseitig Mut, das Selbst zu entdecken, und helfen bei diesem Vorgang,"der das Eis der Seele spaltet."[19]
Und der Ort, an dem dies geschieht, ist die Freundinnenschaft. Nach und nach erfahren Frauen von der Notwendigkeit dieser Heimat. Audre Lorde drückt diese Erkenntnis in ihrem Buch Zami wie folgt aus:

"Die wesentliche Erkenntnis war anscheinend, daß wir einen Ort haben mußten. Ob dieser Ort gerecht wurde, was wir zu brauchen meinten oder nicht, wichtig war, daß es ihn gab, um aufzutanken und die Landeklappen zu überholen. In Zeiten der Not und in großer Unsicherheit wurde dieser Ort eher eine Definition als die Substanz dessen, weswegen wir ihn ursprünglich benötigt hatten. Manchmal wurde der Zufluchtsort zur Realität."[20]

In der Heimat der Frauen, die Freundinnenschaft, wird die Vision einer neuen Welt zur Realität.

4.4. Freundinnenschaft - die Vision einer neuen Welt

Woher nehmen Frauen den Mut und die Kraft, sich den patriarchalen Strukturen zu widersetzen, das Eigene zu suchen? "Wie können Frauen in der Welt, wie sie von Männern gestaltet worden ist, leben und zugleich die Welt so schaffen, wie Frauen sie sich vorstellen?"[21]
Die Antwort auf diese Fragen umfaßt meiner Meinung nach zwei Punkte: Frauen können in einer von Männern geschaffenen Welt leben, weil es Frauen, Freundinnen, gibt und weil sie die Vision haben, sich eine Welt zu schaffen, wie sie sich vorstellen. Der Traum von einer neuen Welt gibt ihnen die Möglichkeit in der alten Welt zu leben und an ihrer Veränderung zu arbeiten.[22]
Weil dem so ist, können es Frauen sich nicht leisten, die visionäre Aufgabe ih-

---

[19] Dorothee Sölle, Das Eis der Seele zu spalten. Theologie und Literatur auf der Suche nach einer neuen Sprache. Jahrbuch der Religionspädagogik 4 (1978), S.119.
[20] Audre Lorde, Zami. Eine Mythobiographie, Berlin 2. Auflage 1988, S.267.
[21] Janice Raymond, Frauenfreundschaft, S.271.
[22] dies., a.a.O., S.273.

rer Beziehungen zu mißachten und aufzugeben. Denn sie haben in ihrem Innern eine Ahnung davon, "daß die Welt mehr ist als das, was Männer daraus gemacht haben."[23] Ferner können es Frauen nicht zulassen, daß sie aus Verzweiflung - weil der Zustand der gegen Frauen verübten Greuel so überwältigend schrecklich ist - in der männergemachten Welt steckenbleiben. Die neue Welt wird umso wichtiger, je mehr wir uns der gegen Mädchen und Frauen verübten Greuel, ihrer Unterdrückung und Mißachtung bewußt werden.

"- zwei Drittel der Analphabeten der Welt sind Frauen;
- Frauen verdienen 59,4% dessen, was Männer verdienen;
- alle sieben Minuten wird eine Frau in den USA vergewaltigt;
- alle achtzehn Sekunden wird eine Frau geschlagen[24];
- in der BRD werden täglich ca. 288 Frauen vergewaltigt;
- täglich werden ca. 750 Mädchen sexuell mißbraucht;
- jährlich werden ca. 5 Millionen Frauen körperlich und seelisch mißhandelt"[25]

Eine wirklich kritische Haltung muß von einer Vision getragen sein, die über den Horizont der realen Welt hinausgeht. Die Welt ist mehr als das, was das Patriarchat geschaffen hat. Doch müssen die Frauen die Möglichkeit haben, effektiv und affektiv in dieser männergemachten Welt zu leben. Hieraus wird deutlich, daß Visionen auf einer zweifachen Sicht der Dinge beruhen: einer Nah- und Fernsicht. Nah- und Fernsicht bilden keinen Gegensatz, sondern sie bilden eine spannungsvolle Beziehung. Diese Spannung ist auch immer im Leben von Frauen vorfindlich. Frauen müssen lernen, mit dieser Spannung zu leben. D.h."..., daß wir nicht unter dem Widerspruch zwischen dem, was die Welt ist, und dem, wie sie sein sollte, zusammenbrechen."[26] Damit Frauen unter diesem Dilemma nicht zusammenbrechen, damit sie leben lernen, ist es von besonderer Wichtigkeit, daß sie ihren Visionen Gehalt und Gestalt geben. Und dies, damit die phallokratischen Strukturen entlarvt werden und Bedingungen für Freundinnenschaften geschaffen werden können. Somit spielt sich das Leben der Frauen auf dem Grad zwischen Nah- und Fernsicht ab. Zuviel Nahsicht bedeutet, in einer männergemachten Welt steckenzubleiben. Zuviel Fernsicht kann bedeuten, nur die "großen" Ziele zu sehen, ohne jedoch die alltäglichen Probleme von Frauen zu sehen, und an ihren Lösungen zu arbeiten. Ohne Bezug zur Realität verliert die Vision ihre Bedeutung und ohne Vision

---

[23] dies., a.a.O., S.273.
[24] dies., a.a.O., S.273.
[25] Anstiftung zum Feminismus. Feministische Thesenpapiere der autonomen süddeutschen Frauenzentren, Regensburg 1988, S.124.
[26] Janice Raymond, Frauenfreundschaft, S.274.

verliert die Realität ihren Sinn. Freundinnenschaften bewegen sich ständig zwischen Realität und Vision, mit dem Ziel, beides miteinander in Einklang zu bringen. So werden Visionen nicht auf die Zukunft projeziert, ihre Umsetzung wird im Alltag punktuell versucht und erreicht. Die Ursprünge der Visionen liegen in der Vergangenheit und in der Gegenwart von Frauen und von der Zukunft wird ihre volle Umsetzung erhofft. Doch "wir machen die gemeinsame Erfahrung, daß wir keine Geschichte haben. Im Selbstverständnis der Welt und in ihrer Geschichtsschreibung kommen Frauen nicht vor... Und wessen die Geschichte nicht gedenkt, der hat nur eine beschränkte Gegenwart und gar keine Zukunft."[27]

Frauen müssen also, um die Zukunft für sich erobern zu können, erst einmal die Geschichte der Frauen zurückfordern, ans Licht bringen. D.h. sie müssen wie der "Engel der Geschichte", das Trümmerfeld der Vergangenheit betrachten, zunächst rücklings in die Zukunft gehen.[28] Nur so haben Frauen die Gewißheit auf eine Zukunft. Der Blick zurück und der Blick nach vorne sind mit der Hoffnung genährt, daß eine Veränderung zum Positiven hin möglich ist, Veränderung hin zu einer Welt wie sie den Visionen von Frauen entspricht. Die dafür notwendige Hoffnung definiert Janice Raymond so:

> "Hoffnung ist eine Bewegung, die zwischen Optimismus und Pessimismus entsteht und dann die beiden übersteigt. Sie gibt Frauen die Durchhaltekraft, damit sie nicht vom Gegensatz zwischen dem, was die männergemachte Welt ist, und dem, was sie sein sollte, zerbrechen."[29]

Hoffnung gibt Kraft. Hoffnung macht Mut. Und ein Ort der Hoffnung, ein Ort in der Welt ist für Frauen die Beziehung zu ihrer Freundin. Sicherlich, Freundinnenschaft kann die Unterdrückung von Frauen nicht alleine besiegen, noch kann sie garantieren, daß das Band der Frauenzuneigung ewig hält. Doch die Freundinnenschaft kann in einer Welt, die von Männern gemacht und nach ihren Interessen ausgerichtet ist, die Frauen unterdrückt und ausbeutet, die Frauenzuneigung zu verhindern weiß, Hoffnung auf Veränderung schaffen und erhalten. Die Hoffnung der Frauen sagt uns, daß der gegenwärtige Zustand nicht

---

[27] Nelle Morton, Vortrag gehalten auf der Sexismus-Konsultation des Weltrates der Kirchen in Berlin 1974, in: Frau und Religion: Gotteserfahrungen im Patriarchat, Elisabeth Moltmann-Wendel (Hrsgin.) Frankfurt a.M. 1983.
"A history that is not objective and does not embrace all its people must be seen as a patrial history. Our patrial history has provided us with male models only. Without historical memory one has no future and a limited present."
Nelle Morton in der ursprünglichen englischen Fassung, in: The Journey Is Home, S.70.
[28] Vgl. Hannah Arendt, Walter Benjamin Bertolt Brecht. Zwei Essays, München/Zürich 1989, S.21.
[29] Janice Raymond, Frauenfreundschaft, S.278.

endgültig ist und daß es Alternativen gibt. Freundinnenschaften sind ein Ort des Widerstandes, und die Beziehungen von Frauen zu Frauen beinhalten ein revolutionäres Potential. Denn die Beziehungen, die Frauen untereinander leben, sind Ausdruck der Ablehnung der männergemachten Ordnungen und Strukturen. Die Vision einer anderen Zukunft, in einer Welt, die Frauen gestalten, und das Bemühen, diese Zukunft in der Gegenwart zu realisieren, werden von der Fähigkeit zu hoffen genährt und durch das Band der Solidarität und Freundinnenschaft von Frauen zueinander, durch die punktuelle Verwirklichung der Vision. Aber das heißt, daß die Reflexionen und die Visionen der Frauen mit ihren Handlungen in Beziehung gebracht werden müssen. Ohne diese Beziehung entsteht eine Kluft: Denken bleibt ohne Konsequenz für das Handeln, und ohne Denken fehlt es den Handlungen an Tiefe. Wenn aber beides miteinander verbunden wird, dann gibt dies den Frauen einen Platz in der Welt. Frauen haben die Möglichkeit "denkend zu fühlen und fühlend zu denken"[30], (und dies sollten Frauen sich unter keinen Umständen nehmenlassen.) Denn die Empfindsamkeit der Frauen ist keine Rührseligkeit[31] (auch wenn dies einigen nicht klar ist). Mit ihrer Denkart, die zugleich ein Fühlen ist, ist es Frauen möglich, sich zu behaupten, feste Standpunkte zu beziehen. Und das Denken und Empfinden der Frauen ist keine Vertröstung auf bessere Zeiten, sondern es fordert geradezu in der Gegenwart den Einsatz für bessere Zeiten. Dies nicht irgendwann und irgendwo, sondern jetzt und hier. Aber wie für so vieles gilt auch im Bereich des Denkens und Fühlens, daß die Frauen dies erst wieder erlernen müssen. Frauen haben aufgrund der Erziehungsmechanismen (welche von uns ist nicht im heterobezogenen Kontext einer patriarchalen Gesellschaft erzogen worden?) mit dem eigenen Denken bezahlt. Die Aufmerksamkeit für das Eigene wird in der Regel hintenangestellt mit dem Ergebnis, daß Frauen sich vorwiegend nach Interessen Anderer (Partnern, Ehemännern, Kinder...) richten. Dies hat zur Folge, daß die Frauen hauptsächlich die "Beziehungsarbeit" leisten. Frauen gelten als Verfechterinnen für eitel Sonnenschein. Solch eine Aufmerksamkeit hat eine Vielzahl von Frauen davon abgehalten, sich über sich und ihre eigenen Wünschen klar zu werden, ein Bild von sich zu entwerfen. Frauen wurde die Möglichkeit zum Entwurf ihres Seins genommen. Freundinnenschaften können den Frauen die Sensibilität für das Eigene geben. Freundinnen können einander

---

[30] Christa Wolf, Die Dimension des Autors, Bd. 1, S.35.
[31] dies., a.a.O., S.35.

den Mut, die Initiative und die Kraft geben, sich auf den neuen Weg, auch mal an sich zu denken, und dies ohne schlechtes Gewissen, zu begeben.

"Dies ist einer der Hauptgründe, warum Frauen ihr Selbst verloren haben: Sie haben aufgehört zu denken. Eine Person verliert die orginäre Freundschaft mit ihrem Selbst, wenn sie nicht denkt. Mit Hilfe des Denkens kann eine Person entdecken, daß sie wirklich sie selbst sein kann."[32]

Die Kommunikation mit dem eigenen Selbst durch das Denken strebt im zweiten Schritt nach dem Austausch mit der Anderen, der Freundin. Hier erwacht Freundinnenschaft, die Suche nach der Anderen beginnt. Eines scheint klar, solange das eigene Selbst, das Frau-Sein keine Freundin ist, solange haben Frauen es schwer, Frauen zu lieben. Eine Frau muß also Freundin ihrer Selbst sein, bevor sie wirklich Freundin für Andere sein kann. "Denken und Freundschaft müssen Hand in Hand gehen".[33] So wird Freundinnenschaft zu einem Aufenthaltsort in der Welt. Eben Heimat. Und diese Freundinnenschaft ist nicht nur ein persönlicher Raum, sondern auch ein politischer. Freundinnenschaft ist ein grundsätzlich politischer Akt, weil sie ein Bekenntnis zum Sein von Frauen ist.

Dabei haben "Frauen über jahrtausende hinweg als Spiegel gedient mit der magischen und köstlichen Kraft, das Bild des Mannes in doppelter Größe wiederzugeben... Das hilft teilweise zu erklären, warum Frauen für Männer so notwendig sind... Denn wenn sie anfängt die Wahrheit zu sagen, schrumpft das Spiegelbild; seine Lebenstüchtigkeit schrumpft zusammen."[34]

Aus diesem Grund sehen Männer die Zuneigung unter Frauen oftmals als Bedrohung an. Männer fühlen sich ausgeschlossen. Und "die Frau, die stark genug ist, sich selbst 'Autorität' zu verleihen, wird als eine betrachtet, die den Männern nicht nur Macht, sondern auch Frauen wegnimmt. Und die Frau, die es wagt, ihre Liebe zu einer anderen Frau zu bekräftigen, wird als eine angesehen, die den Männern Macht entzieht."[35]

Solche Reaktionen von Männern belegen, daß Freundinnenschaften nicht nur persönliche Handlungen sind, sondern ihnen zugleich politische Dimension zu eigen ist. Freundinnenschaften stellen die Welt des Patriarchats in Frage.

Freundinnenschaft bedeutet nicht die Schaffung einer Welt, sondern die Erschaffung der Welt, wie Frauen sie sich vorstellen. Freundinnenschaft ist der Ort, an dem eine Frau als Frau leben kann - unter Frauen und Männern.

---

[32] Janice Raymond, a.a.O., S.292.
[33] dies., a.a.O., S.293.
[34] Virginia Woolf, Ein Zimmer für sich allein, Reinbek bei Hamburg 1988, S.43.
[35] dies., a.a.O., S.25.

Kapitel 5

Wenn Gott zur Freundin wird ...

In dem vorausgegangenen Kapitel habe ich die Dimensionen von Freundinnenschaft aufgezeigt, dargestellt, welchen Wert sie für Frauen haben, die in Beziehungen zu Frauen einen Ort finden, Heimat haben. In diesem Kapitel möchte ich mit Hilfe der Erfahrungen von Freundinnenschaft ein Bild von Gott als Freundin entwerfen. Gott ist nicht die Schöpferin und Verwalterin der patriarchalen und hierarchischen Lebensformen, sondern Sie befreit aus diesen und eröffnet neue Wege und Möglichkeiten. Deswegen müssen auf hierarchische und phallische Macht bezogene Charakterisierungen für Gott bekämpft werden. Darstellungen von Gott, die die Erfahrungen von Frauen zum Ausgangspunkt haben, müssen entwickelt und verkündet werden, damit diese verändernde Impulse freisetzen und neue Entfaltungsbereiche eröffnen. Die Rede von Gott darf nicht die männliche Überlegenheit und die weibliche Unterlegenheit propagieren und rechtfertigen. Und es reicht auch bei weitem nicht aus, dem Gottesbild mütterliche, fürsorgende Eigenschaften hinzuzufügen[1] und so die triumphalische Macht des himmlischen Vaters ein wenig zu mildern.[2] Vielmehr müssen solche Versuche von Feministinnen grundsätzlich bekämpft werde. Gemäß dieses Gedankenganges schlage ich vor, die Dimension von Freundinnenschaft auch für die Beschreibung der Beziehung von Gott, Mensch und Welt zu nutzen.

> "In einer Zeit, in der das Leben auf unserem Planeten auf so vielfache Weise bedroht wird, ist ein assoziatives Bild, das die radikale und enge Verbundenheit und Abhängigkeit betont, das darauf besteht, daß die Mittel zur Befriedung der grundlegenden Bedürfnisse des Lebens gerecht geteilt werden müssen, das nachdrücklich betont, daß auch nicht menschliche Spezies inneren Wert besitzen, und das dualistische Hierarchien aller Art untergräbt, die Art von Bild, die gebraucht wird."[3]

Das Bild von Gott als Freundin kann sowohl für Frauen, als auch für Gott und die Welt befreiend sein. Denn in diesem Bild wird der Transzendenz die Möglichkeit eingeräumt, sich in der Immanenz zu ereignen. Basis für ein Sprechen von Gott aus dieser Perspektive, der Perspektive der Frauen, ist der Glaube an die Inkarnation. Wenn Gott in einem bestimmten menschlichen Wesen reprä-

---

[1] Vgl. Leonardo Boff, Das mütterliche Antlitz Gottes, Düsseldorf 1987.
[2] Vgl. Ausführungen in Kapitel 3.
[3] Sallie McFague, Mutter Gott, in: Concilium 25 (1989), S.548.

sentiert werden kann, dann hat die gesamte Schöpfung das Potential, ein Beispiel für Gott zu sein. Aus diesem Grund ist die Schöpfung immer zweierlei: Alles, was es ist, ist es selber, und es ist zugleich etwas anderes - Neuigkeit von Gott. Dies bedeutet, daß Gott in einem fortwährenden dynamischen Prozeß immer wieder neu wird und sich neu offenbart. Damit dies sein kann, braucht es die Pole von Schöpferin und Schöpfung. Diese Beziehung, die der Transzendenz Ausdruck in der Immanenz verleiht, kann für Frauen besonders gut in der Metapher von Gott, die zur Freundin wird, ausgedrückt werden. Denn Freundinnen brauchen einander, weil sie sich lieben, und in dieser Liebe werden sie und die Dinge um sie herum neu, ständig verändert. Freundinnenschaft ist kreativ, schöpferisch, setzt Energien und Lust frei, mit dem Ziel, eine Ganzheit zu erlangen. Eintreten für die Ganzheit heißt, die verschiedenen Prozesse in einem größeren Gefüge, von denen sie ein Teil sind, wahrzunehmen und zu erfassen.

Ganzheitlichkeit wird dann sichtbar, wenn eine Sensibilität für die Schöpfung spürbar ist. D.h. wenn die Lebensumstände und Lebensräume bezüglich unserer Umwelt (Menschen, Pflanzen, Tiere, Gewässer...) als inakzeptabel erkannt werden und etwas für die Beseitigung derartiger Umstände getan wird. Wenn also der Fortschritt, als ein Eingriff in die Natur erkannt wird, der kein menschenwürdiges Leben hervorbringt. Ganzheitlichkeit ist die Liebe für alles, was existiert, und der Versuch echter Beziehung mit der Erde und dem Kosmos.[4]

Ganzheitlichkeit ist der Wille zu Freundinnenschaft. Freundinnenschaft zu Frauen und der Schöpfung.

In der christlichen Betrachtungsweise findet sich eine durchgängig positive Beurteilung von Freundschaft. In freundschaftlichem Geist und freundschaftlicher Solidarität begegneten Gott und Jesus den Menschen. In Ex. 33,11 heißt es:

"Der Herr und Mose redeteten miteinander Auge in Auge, wie Menschen miteinander reden..."

Gott und die Menschen schauen sich an wie Freundinnen. Die Hervorhebung des freundinnenschaftlichen Verhältnisses von Gott und Mensch, die schon im biblischen Befund erkennbar ist, zeigt, daß Gott schon ihrem Wesen nach gerechte Beziehung wünscht, sie sucht und verwirklicht. Gleichberechtigte Bezie-

---

[4] Vgl. Beatrix Schiele, Feministische Ethik: Suche nach einer Moral für Frauen und ihre Mitmenschen, in: Handbuch Feministische Theologie, Christine Schaumberger/Monika Maaßen (Hrsgin.), Münster 1986, S.364f.

hungen, wie die von Freundinnen. Denn Freundinnenschaft ist gekennzeichnet durch das Fehlen konstitutiver Interessenbezogenheit, Rollenfestlegung, Zweckbestimmung und Leistungserwartungen.[5] Freundinnenschaft bedeutet immer eine Überwindung von Grenzen, Menschen öffnen sich füreinander und gehen das Abenteuer gegenseitiger und gemeinsamer Veränderung ein. In diesem Sinn bieten Freundinnenschaften echte Entdeckungen, sie sind Horizonterweiterungen, die dem Leben der Freundinnen neue Qualitäten geben. In Freundinnenschaften gehen Frauen die Augen auf und gleichzeitig wird in ihnen kreative Energie frei.

So ist es auch in der Beziehung von Gott und Mensch. Mose (vgl. Ex 32,11) wird - durch das neue Verhältnis zu Gott in Begleitung Gottes - die Israeliten aus Ägypten ins gelobte Land führen (vgl. Ex.14,5-14,31). Und Jesus setzt sich, weil er die Menschen liebt, zu den SünderInnen an den Tisch (vgl. Mt 11,19), und in Joh 15,13 nennt er die Menschen seine FreundInnen. Für alle Beteiligten tun sich neue Welten auf, wird das Leben um neue Ziele, Verheißungen, Visionen bereichert, und es verändern sich durch diese Beziehungen die tatsächlichen Lebensverhältnisse. Gott ist die befreiende Gefährtin der Schöpfung.

Daß Sie dies ist, zeigt sich in den Worten und Taten von Menschen. Diese zeigen auch, wer der Mensch ist, auf wessen Seite sie stehen. Wessen Freundin sie sind. Worte und Taten werden zu Offenbarungen. In Ihnen scheint die Vision vom "well-being-of-all-life" auf. Auch "die Reich Gottes-Vision Jesu kann als feministische Vision verstanden werden, denn sie ruft alle Frauen ohne Ausnahme sowohl zum eigen Heil-Sein und Selbst-Sein als auch zur Solidarität mit den Frauen, die bettelarm, behindert oder aus Kirche und Gesellschaft ausgestoßen sind auf. Sie weiß um die tödliche Gewalt, der solche Vision und solche Verpflichtungen ausgesetzt sein werden."[6] Frauen kommen dieser Vision nach, wenn sie Freundinnen werden. Indem sie sich zusammenschließen aus Liebe und Solidarität, werden sie und ihre Freundinnenschaften zu Metaphern für das "Reich Gottes", für das "well-being-of-all-life".

Doch dazu ist eine Bekehrung der Frauen zu den Frauen und der Schöpfung notwendig.

---

[5] Vgl. Volker Drehsen, Art. Freundschaft, in: Wörterbuch des Christentums, Gütersloh/Zürich 1988, S.371.
[6] Elisabeth Schüssler-Fiorenza, Zu ihrem Gedächtnis ... Eine feministisch-theologische Rekonstruktion der Christlichen Ursprünge, Mainz/München 1988, S.204.

"Bekehrung heißt: seine Art zu denken und zu handeln, im Sinne Gottes ändern..."[7]

Und die Bekehrten sind die "neuen Frauen/Menschen". Nichts ist mehr so, wie es einmal war. Freundinnen, die bekehrte Frauen sind, sind nicht blind vor Zuneigung, noch sehen sie alles durch eine rosarote Brille, vielmehr ist ihr Blick geschärft für die Realität; für die Leiden der Frauen und der Schöpfung. Und diese Fähigkeit zu sehen, setzt schöpferische Potentiale in den Freundinnen frei, damit sie die "deconstruction" der "alten" Welt vorantreiben. In freundinnenschaftlichen Begegnungen ereignet sich die punktuelle Verwirklichung des "well-being-of-all-life"; Befreiung von Mensch und Schöpfung. Diese Vision und ihre punktuelle Verwirklichung "verändert das Denken und Handeln des einzelnen Menschen und dadurch die Struktur der Gesellschaft."[8] In dieser Vision ist das Persönliche aufs Leidenschaftlichste politisch.[9] Und dieser Verwandlung von Mensch und Gesellschaft bedarf es, angesichts der persönlichen und sozialen Katastrophen die wir erleben. Dies heißt, das Patriarchat muß abgeschafft werden, denn nur dann ergeben sich echte Möglichkeiten für eine "neue" Welt, für Menschen und Schöpfung.

Die Notwendigkeit der Beendigung des Patriarchats hat C. Halkes in folgender These, mit besonderem Blick auf die Ökologie, zum Ausdruck gebracht:

"Meine These lautet: Solange des Patriarchat bestehen bleibt, ist eine Ökologie, die auch zu einem wesentlichen Wandel führt, unmöglich."[10]

Ich würde die These von C. Halkes noch ergänzen und zwar derart, daß es zur Rettung der Menschen und der Schöpfung der Freundinnenschaft bedarf. Daß diese lebensnotwendig und lebensrettend ist.

"..., ecology is the act of befriending the earth and its inhabitants guaranting for the future generations acess to the matured world that we have enjoyed... In any case, ecology is a way of embodying the friendship that the earth deserves."[11]

---

[7] Vgl. Elmar Klinger, Armut eine Herausforderung Gottes. Der Glaube des Konzils und die Befreiung der Menschen, Zürich 1990, S.197.
[8] Vgl. ders. ebd., S.199.
[9] Vgl. Janice Raymond, Frauenfreundschaft, S.18.
[10] Catharina Halkes, Die Vergewaltigung der Mutter Erde. Ökologie und Patriarchat, in: Concilium 25 (1989), S.516-522 (519).
[11] Ökologie ist ein Akt, der der Erde und ihren BewohnerInnen ihre Freundinnenschaft beweist, um für kommende Generationen den Zugang zur Erde, die wir genießen, zu sichern. Auf jeden Fall ist Ökologie die Verkörperung der Freundinnenschaft, wie sie die Erde verdient."
Mary Hunt, Fierce and Tenderness. A Feminist Theology of Friendship, New York 1991, S.83f.

Eine solche Gesellschaft der Freundinnen wäre die Rettung der gesamten Schöpfung, sie wäre frei und antihierarchisch, denn ein besonderes Kennzeichen der Freundinnenschaft ist die freie Wahl.

> "One does not choose one's mother, and even falling in love seems to have a kind of destiny about it, but friends choose to be together. There are other qualities important in friendship, (...), but at the center of its power and mystery is that, of all our relationships, it is the most free."[12]

Freundinnen suchen einander und entscheiden sich bewußt für die Beziehung. Die Suche und das Ja zu der gefundenen Freundin schließen eine hierarchische Form der Beziehung aus. In der Freundinnenschaft gibt es kein "oben" und "unten", sondern es begegnen sich zwei Menschen auf einer Ebene, die miteinander als gleichwertige Partnerinnen in Beziehung treten. Gerade der letzte Punkt ist vom patriarchalen Gott nicht einzulösen; dieser lebt gerade aus seiner Distanz zu den Menschen, wird durch seinen Platz droben im Himmel definiert.

5.1. Freundinnenschaft - Ausdruck der Liebe Gottes

> "Friendship at its most elemental is the bonding of two people by free choice in a reciprocal relationship. There are relationships we call friendship which are utilitarian or one-sided, relationships that either service needs or are unreciprocated, but true friendship is characteristically neither of these. Most basically, one chooses to be with a friend simply because one likes the person, and one allows one's friends "to be", just the way they are."[13]

Freundinnenschaft ist in erster Linie:".., a joyfull, free attraction between two people."[14] Freundin ist jene, die frau mag und die eine mag. Die Natürlichkeit

---

[12] " Niemand sucht sich seine Mutter aus, und sogar das Sich-Verlieben scheint schicksalhaftig, aber Freundinnen entscheiden sich füreinander, um zusammen zu sein. Es gibt noch weitere wichtige Qualitäten in Freundinnenschaften, (...), aber der Mittelpunkt ihrer Kraft und ihres Geheimnisses ist die Tatsache, daß sie von allen Beziehungen die freieste ist."
Sallie McFague, Models of God, S.159.

[13] "Freundinnenschaft in seiner elementarsten Art ist die Verbindung von zwei Menschen in freier Wahl für eine wechselseitige Beziehung. Es gibt Beziehungen die wir Freundschaft nennen, welche nützlich oder einseitig, Bedürfnisse befriedigen oder nicht gegenseitig sind, aber wahre Freundinnenschaft ist charakteristischer Weise keine von diesen. Die Basis ist vielmehr, daß eine eine Freundin wählt, weil sie diese Person mag, ihr erlaubt zu sein, wie sie ist."
dies., a.a.O., S.159f.

[14] "... eine freudige, freie Neugier zwischen zwei Menschen."

der freien Wahl von Freundinnen ist vor allem noch bei Kindern erkennbar: ihnen ist die Freundin jene, mit der es Spaß macht, zu spielen, die Zeit zu verbringen. Sie ist jene, der man vertrauen kann. Anziehung, Spaß und Lust am Zusammensein, Freude, Vertrauen, Freiheit sind die Basis für Freundinnenschaft. Sie ist der Ort der Heimat, der Menschwerdung.

Wenn Freundinnenschaft gerade durch freie Wahl konstituiert wird, wie paßt diese dann zu Gott? Hat Gott ganz bestimmt Sympathien? Wählt Gott sich ihre Freundinnen?

Gott trifft Entscheidungen. Täte Sie dies nicht würde die Botschaft vom "well-being-of-all-life" zu einer hohlen Phrase verkommen. Echte Befreiung wäre nicht möglich.

Die Entscheidungen Gottes werden in ihren Optionen für die Schwachen und Unterdrückten erkennbar. Option für die Frauen ist eine Entscheidung für die Befreiung von Frauen und der Schöpfung, aber nicht gegen die Männer. Vielmehr ist es eine Entscheidung gegen das Patriarchat, in der es nicht in erster Linie um einzelne Männer geht, sondern um ein durch Männer gemachtes und beherrschtes Gesellschaftssystem. Die Option für die Frauen ist eine Entscheidung für die Frauen als Person und damit gegen ihre Unterdrückung.[15] Zugleich ist sie auch eine Einflußnahme auf das Patriarchat, um an einer Gesellschaft der Freundinnenschaft mitzuwirken. Was daher für Frauen eine Verheißung ist, wird für die Patriarchen zur Pflicht. Männer dürfen die Ungerechtigkeiten nicht ausnutzen, sondern müssen sie überwinden.[16]

Gott ist die Freundin der Frauen: denn diese werden nach wie vor von den patriarchalen Strukturen mit allen ihren Konsequenzen unterdrückt. Gott arbeitet somit als Freundin mit an der Überwindung dieser Strukturen, die die Befreiung der Frauen bedeutet.

Aber auch die Freundinnenschaft Gottes mit den Frauen darf nicht elitär und individuell verstanden werden. Dieses aristotelische Verständnis von Freundschaft gilt es zu überwinden. Für Aristoteles war Freundschaft in höchstem Ausmaß individualistisch und elitär: Freundschaft ist nicht Liebe des anderen, sondern Eigenliebe.

> "One needs a friend, says Aristotle, in order to exercise one's virtue; one needs someone to be good to in order to be good! His principal kind of friendship is the friendship of virtue, in which two good men enter into a singular relationship in order to become more noble. If, however, the main attributes of friend-

---

dies., a.a.O., S.160.
[15] Elmar Klinger, Armut eine Herausforderung Gottes, S.49.
[16] ders. ebd., S.49.

ship are viewed in terms of the self-wishing what is good and noble for the self - then the other is finally superfluous except as a means to exercising one's virtue. Of course, one wishes for the friend the same good that one wishes for oneself, but one's best friend is not the other but oneself. One should, Aristotle says, love oneself best...; friendship from an Aristelian perspective is an elitist, individualistic program of self-improvement."[17]

Freundinnenschaft hingegen widerspricht der aristotelischen Definition von Freundschaft. Freundinnenschaft ist mehr als eine besondere Form der Eigenliebe, denn sie beinhaltet ganz bestimmte Konsequenzen, auf die ich nun zu sprechen kommen möchte. Sallie McFague nennt diese "the three paradoxes"[18]:

1) Aus einer freien Beziehung ergeben sich Bindungen.
2) Die Beziehung zweier Menschen ist nicht exklusiv, sondern sie eröffnet den Weg zu anderen.
3) Freundinnenschaft verlangt Eigenständigkeit.

Die Basis von Freundinnenschaft ist Freiheit, und genau diese ist die Begründung ihrer Kraft; alle anderen Beziehungsformen sind geleitet von Zweck- und Nutzerfüllung. Dieses kommt in echter Freundinnenschaft nicht vor, die Andere wird in ihrem So-Sein akzeptiert und gerade deswegen geliebt.

Haben wir uns für die Freundin entschieden, dann ist das entstandene Band eines der stärksten: das Band des Vertrauens. Es ist ein verpflichtendes Band für beide Partnerinnen, die Freundinnen wollen einander treu bleiben. Die Sünde gegen die Freundin ist der Bruch des Vertrauens, der Verrat der Beziehung.

Darüber hinaus verbinden Freundinnen gemeinsame Interessen. Gemeinsame Visionen bringen Freundinnen zusammen und diese Interessen sind es auch, die ihre Beziehung zur Welt hin öffnen. Freundinnenschaft ist ebenso eine Kultur der Genüsse und der Lust, wie sie auch durch einen gemeinsamen Entwurf des Seins der Freundinnen geprägt ist, der Überwindung der Unterdrückung von Frauen.

---

[17] "Man braucht einen Freund, sagt Aristoteles, um sich in seiner Tugend zu üben, damit man gut ist. Seine prinzipielle Art ist die Freundschaft der Tugend, in der sich zwei gute Männer in einer einzigartigen Beziehung zusammen treffen, um nobler zu werden. Wenn, wie auch immer, die wichtigsten Attribute von Freundschaft in Bedingungen der eigenen Wünsche des Guten und Noblen gesehen werden, dann ist der Andere schließlich überflüssig, ausgenommen in seiner Bedeutung zur Einübung der Tugend dem Anderen zur Verfügung zu stehen. Ja, man wünscht es für sich selbst, aber der beste Freund ist nicht der Andere, sondern man selbst. Man solle, sagt Aristoteles sich selbst am meisten lieben..., Freundschaft aus der aristotelischen Perspektive ist ein elitäres, individualistisches Programm zur Selbstvervollkommnung." Sallie McFague, Models of God, S.161.
[18] "die drei Paradoxa". dies., a.a.O., S.162.

"The common interest that creates friends out of acquaintances is usually more inward: as Emerson expressed it, *"Do you see the same truth?"*-or at least, "Do you *care about* the same truth?" A common vision brings friends together, something more than a common activity, although what they can care together is, of course, practically limitless. This element of common interest in friendship, however, opens it onto the world. Such friendship is no longer just delight in another but is now delight together in something, some vision or project, that unites the friends."[19]

Auch Gott und ihre Freundinnen haben eine gemeinsame Vision. Der Bund, den Jahwe mit Israel geschlossen hat, ist eine gemeinsame Vision, gemeinsames Projekt einer Freundinnenschaft. Die Gottes mit dem Volk Gottes. Gott und die Freundinnen sind auch heute noch auf dem Weg der Verwirklichung ihrer gemeinsamen Vision: die Erlösung, das "well-being-of-the-earth".

Die Beziehung zwischen Gott und ihren Freundinnen definiert Erlösung neu und steht im Gegensatz zu den herkömmlichen Vorstellungen der Beziehung von Gott, Mensch und Welt; denn der Gott des Patriarchats ist ein machtvoller Beschützer, er löst die Probleme für die Einzelnen und die Gesellschaft. Die Freundinnenschaft Gottes hingegen ist ein Projekt, "für die Zukunft auf unserem immer kleiner und enger werdenden Planeten, wo die Menschen nur überleben können, wenn sie Freundinnen werden."[20]

Aber nach dem herkömmlichen Mustern des theologischen Denkens befreite Gott durch Jesu Tod von allem Übel und ermöglicht so den Menschen eine erlöste Form von Sein. D.h. wir sind Sklavinnen seiner Befreiung. Wir sind auf Jesus angewiesen, er steht an unserer Stelle. Nicht an unserer Seite. Als Beispiel für dieses theologische Denken mag ein Blick ins Gotteslob genügen. Im Lied Nummer 470 heißt es:

"...., all Sünd hast du getragen,
sonst müßten wir verzagen.
Erbarm dich unser, o Jesu."[21]

---

[19] "Das gemeinsame Interesse, das aus Bekannten Freundinnen macht ist gewöhnlich mehr innerlich: wie Emmerson es ausdrückt '*Siehst du die gleiche Wahrheit?*' oder zumindest, '*Sorgst du dich* um die gleiche Wahrheit?' Eine gemeinsame Vision bringt Freundinnen zusammen, eine gemeinsame Unternehmung, die für sich natürlich auch grenzenlos ist. Dieses Element des gemeinsamen Interesses in der Freundinnenschaft öffnet sie für die Welt. Solche Freundinnenschaft ist nicht länger nur Entzücken aneinander, sondern ist jetzt eine gemeinsame Begeisterung, eine Vision oder ein Projekt, daß die Freundinnen verbindet."
dies., a.a.O., S.163.
[20] dies., a.a.O., S.179.
[21] Gotteslob, Katholisches Gebet- und Gesangbuch, Ausgabe des Bistums Rottenburg-Stuttgart 1989/90.

Diese Sicht der Dinge hat zur Folge, daß der Mensch kindlich abhängig bleibt, isoliert dasteht und der Erlösung von außen bedarf. Alles liegt in der Macht Gottes, vom Menschen wird keine Zusammenarbeit gefordert. Vielmehr hilft der mächtige Vater den hilflosen Kindern. Dieses Denken fördert ein isoliertes, abhängiges Personsein vor Gott, und es ist endlich an der Zeit, eine neue Blickrichtung zu fördern. Eine Blickrichtung, die die menschliche Verantwortung ernst nimmt. Diese Forderung nach einer neuen Sicht der Dinge, die den Menschen als Freundin mit Verantwortung erkennt und ebenso Gott, ist authentisch biblisch. Auch für Jesus war Freundschaft ein zentrales Motiv in seinem Leben und in seiner Verkündigung, was besonders in den Mahlgemeinschaften deutlich wird. Dieses Faktum zeigt, daß Freundschaften, Begegnungen mit Menschen und auch der Schöpfung der Ort sind, an dem Wunden geheilt und Befreiung gefeiert werden kann. In der Isolation erfahren wir wenig, und zum anderen widerspricht es unseren täglichen Erfahrungen, weil wir nicht als Individuen fern von anderen Menschen und Einflüssen leben.

> "We are not alone and cannot exist alone or be saved alone. The imminence of nuclear warefare, the desecration of the natural environment, and the scarcity of food to support the world's increasing population lend irrefutable credence of reality. Moreover, it appears increasingly to be the case that our health and the well-being, which is to say, our "salvation", depens in part on ourselves, on our willingness and ability to work cooperatively an with all our intelligence and strength."[22]

Gerade weil wir Mitverantwortliche sind, ist das Bild vom eingreifenden Vatergott kein Bild für Erwachsene und schon gar nicht für unsere Zeit. Gott als Freundin hingegen steht auf Seiten der Frauen und der unterdrückten Schöpfung. Das dahinterstehende Motiv ist die unkonventionelle und radikale Identifikation mit den Schwächeren und Ausgebeuteten. Wenn wir Jesu Verständnis von Freundschaft als eine Beschreibung der Beziehung von Gott, Mensch und Welt betrachten, dann kann Erlösung nicht individuell, kindlich und isoliert sein.

---

[22] "Wir sind nicht alleine und können nicht alleine existieren oder alleine gerettet werden. Der Bedrohung eines nuklearen Krieges, die Schändung der Umwelt und der Mangel an Nahrungsmitteln für die Ernährung der wachsenden Weltbevölkerung muß unbedingt Beachtung geschenkt werden. Mehr noch, es scheint immer mehr der Fall zu sein, daß unsere Gesundheit und unser Wohlergehen, unser well-being, unsere Rettung, auch von uns abhängt, von unserem Willen und unseren Fähigkeiten zur Zusammenarbeit mit all unserer Intelligenz und Kraft."
Sallie McFague, Metaphorical Theology, S.185.

"..., a friendship model emphasizes sacrifice, support, and solidarity with others and the world... God is our friend who suffers with us as we work with God to bring about a better existence for suffering humanity."[23]

Es muß von uns Menschen erkannt werden, daß unsere Entscheidungen, unser Verhalten es sind, nicht der Wille Gottes, wenn Menschen unterdrückt werden. Daß wir und nicht Gott die Umwelt verschmutzen. Auf diesem Hintergrund erscheint nur jenes Verständnis von Erlösung plausibel, in dem Gott als mit uns, an unserer Seite gehend betrachtet wird und sich mit uns für ein "well-being" auf Erden einsetzt.

"In this view God as savoir, with Jesus as parable of God, is the One who, in radical and total solidarity with us, wills our salvation and works through us for its realization...The friend who accepts the outcasts is not a God who does everything for others, but the One who empowers others to join together to overcome oppression of all kinds. Friends do not and cannot "save" one another; rather, they work together for common goals in such a way that each is encouraged, empowered, and enlivened to do what each is able to do for the good and the whole."[24]

Wenn wir Erlösung als "well-being-of-all-life" und die Erfüllung allen Lebens verstehen, dann bedeutet dies nicht, daß wir als Menschen alles alleine vollbringen können. Doch Gott als Freundin gibt uns die Kraft, an diesem gemeinsamen Projekt zu arbeiten. So wie wir Gott brauchen, braucht Gott unsere Partizipation, unsere Solidarität und Freundinnenschaft. Wenn wir nicht MitgestalterInnen am Erlösungsprozeß sind, wenn wir nicht unsere Verantwortung für die gesamte Schöpfung erkennen, dann werden wir uns selbst und auch Gott zu Grabe tragen. Dann gibt es keinen Ort mehr für uns. Nirgends. Mit anderen Worten heißt dies, daß die deistischen Gottesbilder ohne Zukunft sind, wohingegen ein Bild wie Gott als Freundin Zukunft eröffnet.

"Like Dante's vision of harmony in paradise where the saints hold hands and dance in a circle, the friendship model is one for the future on our increasingly

---

23 "..., die Metapher der Freundinnenschaft unterstreicht Sorge, Unterstützung und Solidarität mit anderen und der Welt... Gott als unsere Freundin, die mit uns leidet, wenn wir eine bessere Existenz für die Leidenden mit Gott herbeizuführen."
dies., a.a.O., S.186.

24 "In dieser Sicht ist Gott Retterin, mit Jesus, als einer Metapher für Gott, die Einzige, in radikaler Solidarität mit uns, die unsere Rettung will und durch uns für deren Verwirklichung arbeitet... Die Freundin, die die Ausgestoßenen liebt, ist nicht eine Gott, die alles für die anderen tut, sondern Die, die die anderen bemächtigt, sich miteinander zu verbinden, damit jegliche Unterdrückung beseitigt wird. Freundinnen können einander nicht retten und sie tun es auch nicht, aber sie arbeiten für gemeinsame Ziele, indem sie einander Mut machen, Kräfte in den anderen freisetzen, und sie bemächtigen und beleben, genau daß tun, was jede für das Gute und alle Menschen tun kann."
dies., a.a.O., S.186.

small and beleaguered planet, where, if people do not become friends, they will not survive."[25]

Wenn wir nicht lernen, miteinander zu leben, werden wir zusammen sterben. Die zweite Paradoxie, von der die Rede war, besagt, daß die Beziehung Zweier ein "inclusive" Element beinhaltet. Die Verpflichtung einer gemeinsamen Vision gegenüber erstreckt sich nicht nur auf die beiden. Es wird in der Regel immer noch andere geben, die in die gleiche Richtung schauen. So verstandene Freundinnenschaft ist nie exklusiv, denn sie eröffnet den Weg zu allen Frauen; über die Grenzen des Alters, der Nationalität, des Glaubens.

"... its sole interest is not in the other people as such, or to phrase it more positively, the like-mindedness it demands is a similar vision, not similar minds. The friends who join together united by commitment to a common cause, then, can be not only numerous but also different. In fact, in this sort of friendship, numbers and differences are an asset, for if what unites the friends is commitment to a common project, it will often be the case - as it is the reunification and liberation of the world as the body of God - that many companions are needed as well as many diverse abilities."[26]

Die Freundinnenschaft ist Ausdruck der Liebe Gottes, deswegen kann in dieser Gott erfahren werden. Indem Gott eine Option für die Frauen trifft und in Solidarität mit ihnen handelt, wird Sie zur Freundin der Frauen.

Als dritte Paradoxie wurde von den Freundinnen, die in intensiver Beziehung zueinander stehen, Eigenständigkeit verlangt. Freundinnenschaft bedeutet nämlich, daß eine der Freundinnen nicht abhängig von der anderen ist, oder daß eine die andere nur umsorgt, sondern daß eine für die andere in Verantwortung einsteht.

---

[25] "Wie Dantes Vision der Harmonie im Paradies, wo die Heiligen sich bei der Hand halten und im Kreis tanzen, ist das Projekt der Freundinnenschaft eines für die Zukunft auf unserem immer kleiner werdenden Planeten, wo die Menschen nicht überleben werden, wenn sie nicht Freundinnen werden."
dies., a.a.O., S.179.
[26] "... Freundinnenschaft dieser Art ist nicht exklusiv, ihr einziges Interesse besteht nicht darin, daß alle dasselbe denken (...) Freundinnen die zusammenkommen, sind vereint durch die Entschiedenheit an einer gemeinsamen Vision. Freundinnen können nicht nur zahlreich, sondern auch verschieden sein. Denn wenn das, was Freundinnen vereint die entschiedene Verbundenheit an einem gemeinsamen Projekt ist, dann wird es häufig der Fall sein, (...) , daß viele Gefährtinnen gebraucht werden, genauso wie viele verschiedene Fähigkeiten."
dies., Models of God, S.163f.

"Children are obviously dependent on parents, and even the beloved is dependent on being valued by the lover, but friends are mutually interdependent in a way characteristic of adults."[27]

Eigenständigkeit will aber nicht als Solipsismus verstanden werden. Vielmehr bedeutet es in diesem Kontext, die Bewegung aus einem abhängigen Status hin zur Beziehungsfähigkeit, zu Bezogenheit. Es meint unsere Fähigkeit zu wachsen und unseren Willen, Verantwortung für die Welt zu übernehmen.

"If God is the friend of the world, the one committed to it, who can be trusted never to betray it, who not only likes the world but has a vision for its wellbeing, then we as the special part of the body - the *imago dei* - are invited as friends of the Friend of the world to join in that vision and work for its fulfillment... God as friend asks us, as adults, to become associates in that work. The right name for those involved in this ongoing, sustaining, trustworthy, committed work for the world is neither parents, nor lovers but friends."[28]

5.2. Wenn Gott Freundin ist, dann ist Sie Feministin

Wenn von Gott als Freundin gesprochen wird, wird der Versuch einer Identifikation Gottes mit den Frauen unternommen, mit jenen also, die in den patriarchalen Strukturen Gefangene und Unterdrückte sind. Gott wird hier im Kontext von Frauen und ihren Erfahrungen gedacht. Gott ist demnach eine, die unterwegs ist zu den Frauen, um ihre Freundin zu sein. Und entsteht diese Freundinnenschaft, dann ist sie der Beginn einer Revolution in der Theologie und in ihrer Sprache. Gott, die Freundin der Frauen kämpft mit ihnen für eine veränderte Welt. Einer Welt, in der Heimat für Frauen nicht länger mehr ein punktuelles Erlebnis ist. Eine Heimat, die sie jetzt (nur) in der Liebe und Solidarität mit Frauen erleben. Heimat, die Gott den Frauen schenkt (und die auch

---

[27] "Kinder sind offensichtlich von ihren Eltern abhängig, und sogar die/der Geliebte benötigt die Wertschätzung der Geliebten/des Geliebten, aber Freundinnen sind in ihrer Gegenseitigkeit unabhängig in einer Art wie sie für Erwachsene charakteristisch ist." dies., a.a.O., S.165.

[28] "Wenn Gott die Freundin der Welt ist, jene die ihr verpflichtet ist, jene der vertraut werden kann, die nicht verrät, die nicht nur die Welt liebt, sondern eine Vision von ihrem well-being hat, dann sind wir als ein spezieller Teil ihres Körpers - der *Gottesebenbildlichkeit* - eingeladen, als Freundinnen der Freundin der Welt an dieser Vision teilzuhaben und für ihre Erfüllung zu arbeiten... Gott als Freundin fragt uns wie Erwachsene an ihrer Erfüllung mitzuarbeiten. Der richtige Name für die Einbeziehung in dieser fortwährenden, unterstüzenden, vertrauensvollen und verpflichtenden Arbeit für die Welt an der Seite Gottes ist nicht der der Eltern, der Geliebten, sondern der der Freundin." dies., a.a.O., S.165.

Gott erfährt), ermöglicht die Menschwerdung der Frauen. Gott hält ihnen Räume/Zeiten offen; Orte, an denen sie sich finden, Schutzräume, Räume für ein Auftanken an Kräften, freundinnenschaftlicher Energie.[29] Und weil Gott den Frauen diese Orte der Heimat schenkt, ist von Ihr zu sagen, daß sie Feministin ist. Sie ist als Freundin und Feministin den Frauen gegenüber loyal. Ja, es ist der Plan Gottes, die Frauen und die Schöpfung aus den Händen der Patriarchen zu befreien. Die Frauen und die Schöpfung sind die Subjekte in dem Projekt der Freundinnenschaft. Den Frauen und der Schöpfung wird die Befreiung verheißen, und von den Anhängern des Patriarchats wird die Bekehrung verlangt.

Wie Freundinnen sich gemeinsam aus der Blindheit hervortasten, das "neue Sehen" lernen, so lernt auch Gott als Freundin und Feministin eine neue Sicht der Dinge. Gott als Gott entdeckt sich durch die Frauen und erlebt eine Bekehrung. Der väterliche Gott des Patriarchats wird verworfen und die Freundin, die Feministin (Gott) wird entdeckt. Gott als feministische Freundin hat eine vorrangige Option für die Frauen getroffen und versucht, mit den Frauen, ihren Freundinnen, am gleichen Projekt zu arbeiten, das von der Vision der Heimat getragen ist. Und diese Verwirklichung geschieht auf drei Ebenen.

1) Die Option für die Frau ist eine praktische Option. Die Entscheidung für Frauen schließt konkrete Befreiungsaktionen ein.
2) Die Option für die Frau ist eine partizipative Option. Die Frau ist nicht Objekt, sondern Subjekt. Gemeinsam soll für Veränderungen gekämpft werden.
3) Die Option für die Frau ist eine politische Option. Die Befreiung der Frau bedeutet den Anbruch einer neuen Gesellschaft. Option bedeutet in diesem Fall Bewußtmachung, Organisation und Mobilisierung der Frauen und ihrer Verbündeten.[30]

Die Freundinnenschaft zwischen Gott und den Frauen wird zum Auslöser dafür, daß auch Gott den patriarchalen Strukturen den Rücken zukehrt und sich den Frauen gegenüber als Egalitäre, als eine von ihnen offenbart. Frauen sind durch diese Offenbarung nicht mehr länger tief unten und abhängig von einem gnädigen Gott, sondern sie schauen mit Gott in die gleiche Richtung und

---

[29] Ein Ort, an dem Gott den Frauen Heimat schenkt, mit und durch andere Frauen, sind z.B. jene Gruppen, in denen Frauen ihre Liturgien entwickeln und feiern. Aber auch Projekte wie der Feministische Lektürekurs an der Katholischen Fakultät der Universität Würzburg.
[30] Vgl. Clodovis Boff/Jorge Pixley, Die Option für die Armen. Gotteserfahrung und Gerechtigkeit. Düsseldorf 1987, S.235-239.

kämpfen für dieselbe Sache. Gott ist mit ihnen. Frauen werden so zu einem echten Thema in der Theologie, und das Bild einer sich herabneigenden Liebe wird ein Bild der Umarmung.
Freundinnenschaft und Solidarität werden zu einem Gegenstand der Ethik. Und das Potential der Befreiung dient als Wahrheitskriterium für die Richtigkeit des eigenen Handelns und der Handlungen anderer. Darüber hinaus sind Freundinnenschaften nicht nur Ort der Ethik, sondern sie sind Ausdruck Gottes in der Welt, weil sie Orte der Menschwerdung sind. An ihrer Erfüllung kann die Wahrheitsfrage Gottes gestellt werden.

"Die Wahrheit des Redens von Gott und überhaupt aller theologischer Aussagen wird nicht an ihrer Übereinstimmung mit einem Ewigen gemessen, sondern an der Erfüllung ihrer Ansprüche in der Geschichte, an der tatsächlichen Schaffung von Gemeinschaften des Friedens, der Gerechtigkeit und der Gleichheit."[31]

5.3. Freundinnenschaft - Leben in Loyalität mit der Schöpfung

Die freundschaftliche Beziehung mit Gott erstreckt sich nicht nur auf die Frauen, sondern auf die gesamte Schöpfung. Wenn die Welt als Körper Gottes verstanden wird[32], wird der "inclusive" Charakter der Präsenz Gottes in allem, was existiert, zum Ausdruck gebracht. Diese Metapher, die die Körperlichkeit Gottes betont, ist eine ausdrückliche Distanzierung von dem unterdrückenden Gedanken im Christentum, welcher Geist gegen Körper ausspielt. Dieser Gedankengang unterdrückt Frauen und Natur und muß endlich zum Wohle aller zu einem Ende kommen.
Unsere Freundinnenschaft zeigt sich darin, daß wir Sorge tragen für die Schöpfung und sie lieben. So verstandene Freundinnenschaft ist nicht elitär und nicht separatistisch, sondern von Solidarität für die Umwelt geprägt. Dieses Denken ist authentisch biblisch, denn Jesus lebte eine solche Solidarität mit den Unterdrückten seiner Zeit. Er teilte sein Leben mit ihnen - sprach, aß und trank mit den Ausgestoßenen. Freundinnenschaft ist der Realisierungspunkt der Nachfolge Jesu, ist Ausdruck der Fortsetzung der Menschwerdung. Damit

---

[31] Sharon D. Welch, Gemeinschaften des Widerstandes und der Solidarität. Eine Feministische Theologie der Befreiung, Freiburg/Schweiz 1988, S.25.
[32] Sallie McFague, Mutter Gott, in: Concilium 25 (1989), S.548.

verbunden ist die Verantwortlichkeit mit Gott und anderen, die die gleiche Vision haben, für das "well-being-of-all-life".
Gerade in dieser gleichen Visionen zeigt sich Freundinnenschaft:

> "...: in this model of fellowship, God and human beings are both friends of the world. In an ecological, nuclear era, salvation must mean this; hence, the friendship is not between two-God and individual human beings - but between all those who are united by love for the world."[33]

Diese Freundinnenschaft ist ein Ort des Widerstandes gegen Praktiken der Ausbeutung und Zerstörung im Patriarchat. Zugleich entlarvt sie unheilige Allianzen zwischen Herrschern und ihrem Gott. Ein Beispiel: Amerikanische Rüstungsexperten scheuten sich nicht, am 25. April 1981 ein für Blitzangriffe ausgerüstetes Atom-U-Boot namens "Corpus Christi" vom Stapel laufen zu lassen. Der Marinestaatssekretär John F. Lehmann jr. rühmte das Atom-U-Boot als "ein Werkzeug des Friedens, der Gerechtigkeit und der Freiheit."[34] Mit einem solchen Denken steuern die Menschen und ihr Götzengott in die Katastrophe, setzen sie Schöpfung aufs Spiel. Und dies alles, weil es um die Verteidigung der eigenen Ansprüche geht, die ständig von der Furcht vor anderen genährt werden: der Furcht vor der/dem Fremden, dem Außenseiter. In der christlichen Vision gibt es jedoch die Furcht vor der/dem Fremden nicht. Jesus teilte sich den Außenseitern, der/dem Unbekannten mit.

> "The inclusive character of the Christian vision, epitomized in the shared meal with the outcast and the stranger - the image of the church as the community of friends - is a powerfull countermodel to xenophobia. It focuses on exclusion as the heart of the problem, insisting that what we fear most and apparently are willing to kill and die for, namely, the outsider, is not necessarily the enemy but is rather only the stranger."[35]

Die Angst vor der/dem Fremden kann nur durch Begegnung aufgehoben werden, und dann entpuppen sich Vorstellungen oftmals als Irrtümer. Fremde müssen nicht unsere GegnerInnen sein, im Grunde sind wir alle Fremde.

---

[33] "..., in diesem Verständnis von Nachfolge, sind Gott und die Frauen Freundinnen der Welt. In einem ökologischen und nuklearen Zeitalter, muß Rettung dies bedeuten: die Freundinnenschaft besteht nicht nur zwischen Zweien - Gott und den einzelnen Frauen - sondern zwischen all jenen, die vereint sind durch ihre Liebe zur Schöpfung." Sallie McFague, Models of God, S.175.
[34] Mary Daly, Reine Lust. Elemental-feministische Philosophie, München 1986, S.70.
[35] "Der inclusive Charakter der Christlichen Vision, wie er in dem gemeinsamen Mahl mit den Ausgestoßenen und den Fremden symbolisiert wird - das Bild der Kirche als Gemeinschaft der Freundinnen - ist ein machtvoller Gegenentwurf zum Fremdenhaß. Er zeigt den Ausschluß als den Kern des Problems, und er beharrt darauf, daß das, was wir am meisten fürchten (und offensichtlich auch gewillt sind zu töten und dafür zu sterben) namentlich die AußenseiterInnen, nicht notwendig die Feinde, sondern die Fremden sind."

Wenn wir die Berührung wagen, dann können wahrhaft überraschende Dinge geschehen. Das Bild von Gott als Freundin ist der Versuch, zur Beziehung zu ermuntern, in dem Bewußtsein, daß nur durch ein Band der Beziehungen Menschwerdung möglich ist und verwirklicht werden kann. Mit dem Paradigma der Freundinnenschaft zu allem, was existiert, steht es im Widerspruch zur patriarchalen Ordnung, erweist sich aber gerade durch diesen in seiner prophetischen Bedeutung, als Erfüllung der Ansprüche Gottes in der Geschichte.

> "The model of God as friend says that we are not our own, but also that we are not on our own: as friends of the Friend of the world, we do not belong to ourselves nor are we left to ourselves."[36]

Die Freundinnenschaft offenbart sich als eine politische Verbindung und kann nicht ausschließlich als die personale Beziehung zweier Menschen verstanden werden. Ein Spruch der nordamerikanischen Frauenbewegung drückt dies so aus:

> "The personal is political."[37]

Die Beziehung wird durch die gleiche Vision des "well-being-of-all-life" getragen und sie ist zugleich Maßstab, an dem sich die Beziehung ausrichtet.
Eine Vision, die den Dialog, die Beziehung mit allem, was ist, sucht, in der Ahnung, daß dies der einzig mögliche Weg zur Verwirklichung der Erlösung ist. Diese Erlösung, die punktuell verwirklichte Menschwerdung, die Befreiung aus der Unterdrückung und zugleich Heimat ist, ist Freundinnenschaft.

---

[36] "Die Metapher Gott als Freundin besagt, wir gehören nicht uns selbst, noch sind wir auf uns selbst gestellt. Als Freundin der Freundin der Welt gehören wir uns nicht selbst noch sind wir uns selbst überlassen."
Sallie McFague, Models of God, S.179.
[37] "Das Persönliche ist politisch".

Literaturverzeichnis

Ahl, Ruth: Eure Töchter werden Prophetinnen sein ... Kleine Einführung in die Feministische Theologie, Freiburg im Breisgau 1990

Arendt, Hannah: Walter Benjamin Bertolt Brecht. Zwei Essays, München/Zürich 1986

Autonome Süddeutsche Frauenzentren (Hrsginnen): Anstiftung zum Feminismus. Feministische Thesenpapiere der autonomen süddeutschen Frauenzentren, Regensburg 1988

Barth, Karl: Kirchliche Dogmatik III/4, Zollikon/Zürich 1951

Benard, Cheryl: Die geschlossene Gesellschaft und ihre Rebellen. Die internationale Frauenbewegung und die Schwarze Bewegung in den USA, Frankfurt a.M. 1981

Benjamin, Walter: Gesammelte Schriften Bd IV/1, Frankfurt a.M. 1991

Boff, Clodovis / Pixley, Jorge: Die Option für die Armen. Gotteserfahrung und Gerechtigkeit, Düsseldorf 1987

Boff, Leonardo: Das mütterliche Antlitz Gottes, Düsseldorf 1987

Böll, Heinrich: Frankfurter Vorlesungen, in: Heimat und keine. Schriften und Reden 1964-1968, München 1985

Brown, George / Tyrril, Harris: Social Origins of Depression. A study of psychiatric disorder in women, London 1978

Carr, Anne E.: Frauen verändern die Kirche, Gütersloh 1990

Daly, Mary: Gyn/Ökologie, München 1986

Daly, Mary: Jenseits von Gottvater Sohn & Co, München 1988

Daly, Mary: Reine Lust. Elemental-feministische Philosophie, München 1986

Die Bibel. Einheitsübersetzung der Heiligen Schrift. Altes und Neues Testament, Hrsg. im Auftrag der Bischöfe Deutschlands, Österreichs, der Schweiz, Luxemburg, Lüttich, Bozen-Brixen, Stuttgart 1980

Drehsen, Volker: Art. Freundschaft, in: Volker Drehsen u.a., Wörterbuch des Christentums, Gütersloh/Zürich 1988, 371

Erni, Margit: Das Vaterbild der Tochter, Einsiedeln 1972

Evangelische Frauenarbeit in Deutschland e.V.: Gerechte Sprache in Gottesdienst und Kirche, Frankfurt 1987

Fanon, Frantz: Die Verdammten dieser Erde, Frankfurt 1981

Freire, Paulo: Pädagogik der Unterdrückten, Stuttgart 1971

Geyer, C. F.: Art. Metaphorik, in: Volker Drehsen u.a., Wörterbuch des Christentums, Gütersloh/Zürich 1988, 805f

Gotteslob. Katholisches Gebet-und Gesangbuch mit dem Eigenteil des Bistums Rottenburg-Stuttgart, herausgegeben von den Bischöfen von Deutschland, Österreich, Bozen, Brixen und Lüttich, Stuttgart 1989

Güstrau, Stephan: Literatur als Theologieersatz: Heinrich Böll "Sie sagt, ihr Kuba ist hier und auch ihr Nicaragua." (Würzburger Studien zur Fundamentaltheologie, Bd. 6), Frankfurt 1990

Gutiérrez, Gustavo: Die Historische Macht der Armen, München/Mainz 1984

Halkes, Catharina: Die Vergewaltigung der Mutter Erde. Ökologie und Patriarchat, in: Concilium 25 (1989), 516-522

Halkes, Catharina: Über feministische Theologie zu einem neuen Menschenbild, in: epd - Dokumentation 25 (1978), 17

Hesse, Hermann: Demian, Frankfurt 1980

Heyward, Carter: Und sie rührte sein Kleid an. Eine feministische Theologie der Beziehung, Stuttgart 1987

Huber, Michaela / Rehling, Inge: Dein ist mein halbes Herz. Was Freundinnen einander bedeuten, Frankfurt a.M. 1989

Hunt, Mary: Fierce and Tenderness. A Feminist Theology of Friendship, New York 1991

Imbens, Annie / Jonker, Ineke: Godsdienst en incest, Amersfort 1985

Keck, Leander E.: A Future for the Historical Jesus: The Place of Jesus in Preaching and Theology, Philadelphia 1981

Keller, Catherine: Der Ich-Wahn. Abkehr von einem lebensfeindlichen Ideal, Zürich 1989

King, Ursula: Das Göttliche als Mutter, in: Concilium 25 (1989), 539-545

Klinger, Elmar: Armut eine Herausforderung Gottes. Der Glaube des Konzils und die Befreiung der Menschen, Zürich 1990

Lorde, Audre: Zami. Eine Mythobiographie, Berlin 1988

McFague, Sallie: Metaphorical Theology. Models of God in Religious Language, Philadelphia 1982

McFague, Sallie: Models of God. Theology for an Ecological, Nuclear Age, Philadelphia 1988

McFague, Sallie: Mutter Gott, in: Concilium 25 (1989), 539-545

McKenzie, John L: The Two Edged Sword, New York 1956

Moltmann-Wendel, Elisabeth: Nicht mitreden, sondern selbst reden. in: Sommer, Norbert (Hrsg.): Nennt uns nicht Brüder, Stuttgart 1985, 161-167

Morton, Nelle: Auf dem Weg zu einer ganzheitlichen Theologie. Vortrag gehalten auf der Sexismus-Konsultation des Weltrates der Kirchen in Berlin 1974, in: Moltmann-Wendel, Elisabeth (Hrsgin.): Frau und Religion: Gotteserfahrungen im Patriarchat, Frankfurt a.M. 1983, 202-209

Morton, Nelle: The Journey Is Home, Boston 1985

Raymond, Janice: Frauenfreundschaft. Philosophie der Zuneigung, München 1987

Ricoeur, Paul / Jüngel, Eberhard: Metapher. Zur Hermeneutik religiöser Sprache, München 1974

Ruether, Rosemary R.: Die Frauenbefreiung in historischer und theologischer Sicht. in: Moltmann-Wendel, Elisabeth (Hrsgin.): Menschenrechte für die Frau. Christliche Initiativen zur Frauenbefreiung, München 1974, 162-174

Ruether, Rosemary R.: Sexismus und die Rede von Gott. Schritte zu einer anderen Theologie, Gütersloh 1985

Schaumberger, Christine / Schottroff, Luise: Schuld und Macht, München 1988

Schiele, Beatrix: Feministische Ethik. Suche nach einer Moral für Frauen und ihre Mitmenschen in: Schaumberger, Christine / Maaßen, Monika (Hrsginnen): Handbuch Feministische Theologie, Münster 1986, 362-373

Schüssler-Fiorenza, Elisabeth: Für eine befreite und befreiende Theologie. Frauen in der Theologie und feministische Theologie in den USA, in: Concilium 14 (1978), 287-294

Schüssler-Fiorenza, Elisabeth: Für Frauen in Männerwelten. Eine kritische feministische Befreiungstheologie, in: Concilium 20 (1984), 31-38

Schüssler-Fiorenza, Elisabeth: Zu ihrem Gedächtnis ... Eine feministisch-theologische Rekonstruktion der Christlichen Ursprünge, Mainz/München 1988

Sölle, Dorothee: "Das Eis der Seele zu spalten". Theologie und Literatur auf der Suche nach einer neuen Sprache. in: Jahrbuch der Religionspädagogik 4 (1978), 3-19

Sölle, Dorothee: Gott und ihre Freunde. Stimmen zur feministischen Theologie, in: Luise Pusch: Feminismus. Inspektion der Herrenkultur, Frankfurt 1983, 196-209

Sölle, Dorothee: Vater, Macht und Barbarei. Feministische Anfragen an eine autoritäre Religion, in: Concilium 17 (1981), 223-227

Swidler, Arlene: Die Frau in einer vom Vatergott bestimmten Theologie, in: Concilium 17 (1981), 228-234

Thürmer-Rohr, Christina: Vagabundinnen. Feminstische Essays, Berlin 1988

Trömel-Plötz, Senta: Frauensprache: Sprache der Veränderung, Frankfurt 1982

Trömel-Plötz, Senta: Gewalt durch Sprache. Die Vergewaltigung von Frauen in Gesprächen, Frankfurt 1986

Walker, Alice: Die Farbe Lila, Reinbek bei Hamburg 1984

Welch, Sharon D.: Gemeinschaften des Widerstandes und der Solidarität. Eine Feministische Theologie der Befreiung, Freiburg/Schweiz 1988

Whitehead, Alfred N.: Wie entsteht Religion?, Frankfurt 1986

Wolf, Christa: Die Dimension des Autors. Essays und Aufsätze. Reden und Gespräche 1959-85, Bd.1,2, Frankfurt 1990

Wolf, Christa: Kassandra, Darmstadt/Neuwied 1983

Woolf, Virginia: Drei Guineen, München 1977

Woolf, Virginia: Ein Zimmer für sich allein, Reinbek bei Hamburg 1988

Würzburger Studien zur Fundamentaltheologie

Band 1   Rainer Bucher: Nietzsches Mensch und Nietzsches Gott. Das Spätwerk als philosophisch-theologisches Programm. 1986.

Band 2   Jemin Ri: Wonhyo und das Christentum. Ilshim als personale Kategorie. 1987.

Band 3   Reginald Nnamdi: Afrikanisches Denken. Sein Selbstverständnis und das Problem seiner Bezogenheit zum Europäischen Denken. 1987.

Band 4   Heidemarie Lämmermann-Kuhn: Sensibilität für den Menschen. Theologie und Anthropologie bei Dorothee Sölle. 1988.

Band 5   Hermann Steinert: Begegnung und Erlösung. Der Mensch als soteriologisches Wesen - das Existenzproblem bei Martin Buber. 1989.

Band 6   Stephan Güstrau: Literatur als Theologieersatz: Heinrich Böll. "Sie sagt, ihr Kuba ist hier und auch ihr Nicaragua." 1990.

Band 7   Hans-Joachim Sander: Natur und Schöpfung – die Realität im Prozeß. A. N. Whiteheads Philosophie als Paradigma einer Fundamentaltheologie kreativer Existenz. 1991.

Band 8   Karl Theodor Kehrbach: Der Begriff "Wahl" bei Sören Kierkegaard und Karl Rahner. Zwei Typen der Kirchenkritik. 1992.

Band 9   Reiner Fuchs: Gewalt und Kontemplation. Der Beitrag Thomas Mertons zur Friedensproblematik. 1992.

Band 10 Stefan Aulbach: Spiritualität schafft Befreiung. Der Entwurf christlicher Existenz bei Juan Luis Segundo. 1992.

Band 11 Giorgio Penzo: Der Mythos vom Übermenschen. Nietzsche und der Nationalsozialismus. Übersetzt von Barbara Häußler. 1992.

Band 12 Hanjo Sauer: Erfahrung und Glaube. Die Begründung des pastoralen Prinzips durch die Offenbarungskonstitution des II. Vatikanischen Konzils. 1993.

Band 13 Reginald Nnamdi: Offenbarung und Geschichte. Zur hermeneutischen Bestimmung der Theologie Wolfhart Pannenbergs. 1993.

Band 14 Hildegard Wustmans: Wenn Gott zur Freundin wird ... Freundinnenschaft – der Weg zum neuen Himmel und zur neuen Erde. 1993.

Band 15 Sybille Bachmann: Kirchliche Basisgemeinden in Zentralamerika. Entstehung, Entwicklung, Gedankengut. 1993.